Le guide de l'astrologie pratique

Veronica Bell

Le guide de l'astrologie pratique

EDITIONS ESI

Sommaire

Signes astrologiques

L'ascendant

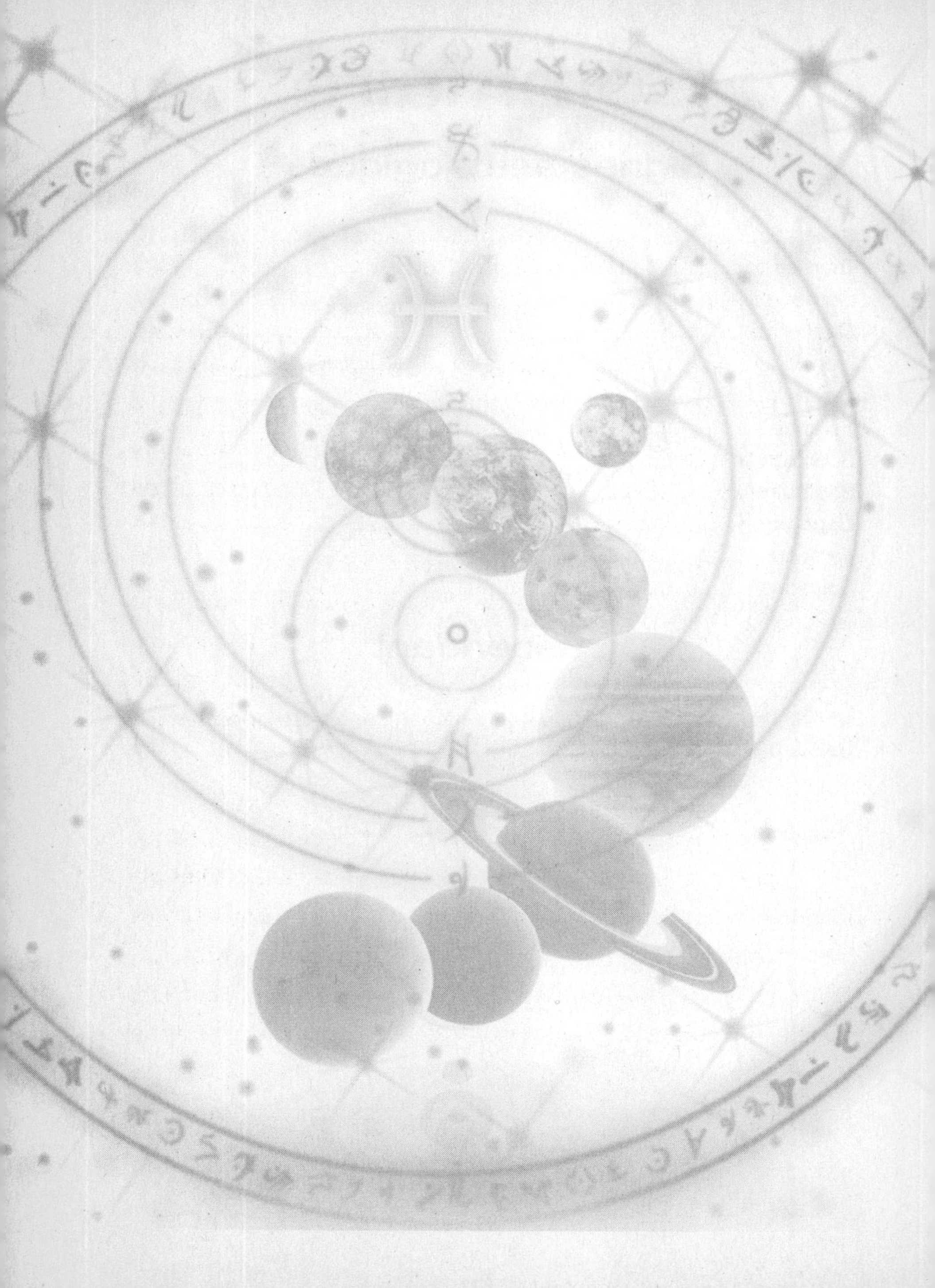

Introduction

Les signes du zodiaque sont utilisés depuis plusieurs siècles. On date leur apparition aux alentours de l'an V avant Jésus-Christ, autant dire à une éternité. Basé sur des calculs astronomiques, le découpage des douze signes du zodiaque trouve son origine dans les constellations, ou astres, qui sont les plus proches du signe lors du passage du soleil.

Or, on sait à quel point les planètes et les astres qui composent notre système solaire peuvent influencer nos comportements ou jouer sur nos humeurs. Il n'est guère étonnant, donc, que l'astrologie ait cherché depuis si longtemps à établir des correspondances entre les planètes et les hommes.

Ces correspondances peuvent nous apprendre beaucoup. Chaque signe porte en effet en lui des caractéristiques, des particularités qui le déterminent. Vous trouverez dans cet ouvrage les grands traits de la personnalité des natifs des douze signes du zodiaque. Bélier, Taureau, Gémeaux, Cancer, Lion, Vierge, Balance, Scorpion, Sagittaire, Capricorne, Verseau ou Poissons, découvrez le profil de votre signe, vos atouts et vos points faibles, vos affinités avec les autres signes… et apprenez à vous connaître un peu mieux.

Bélier

22 mars – 20 avril

Sensibilité : masculine

Élément : Feu

Planète : Mars

Maison : I, le moi et le corps

Signe polaire : Balance

Symbolique

Symboliquement, le bouc incarne la puissance et la virilité. Le Bélier porte fortement cette dimension masculine qui fait de lui un signe d'où se dégage une grande force. Sa planète maîtresse, Mars, celle du dieu de la guerre, ajoute encore à cette impression de fougue. Son élément, le feu, et sa couleur, le rouge, achèvent de donner au Bélier cette profondeur passionnelle : le Bélier n'est pas le signe de la demi-mesure. Il est tout en force, en virulence et, tel l'animal qui le symbolise, il ne craint pas de foncer tête baissée dans la vie. C'est un signe au caractère un peu dessiné à la serpe et qui manque parfois de finesse, mais dont la robustesse peut être un atout pour de nombreux autres signes, qui pourront se reposer sur lui.

Son alter ego du zodiaque

La Balance

Ils sont à la fois opposés dans le calendrier et radicalement différents dans leurs profils astrologiques. Pourtant, ces deux signes sont aussi complémentaires et peuvent s'apporter beaucoup : l'impulsion du Bélier et la raison de la Balance peuvent faire un mariage des plus fructueux. Tous les deux sont des signes plein de vitalité, ce qui les place sur un même plan de vie et leur donne à tous deux un surcroît d'énergie très positif. D'ailleurs, la plus grande incompatibilité, la seule qui rendrait tout rapprochement très difficile, serait un décalage temporel : le Bélier a vraiment trop besoin de vitesse pour exister. Une personne du genre tortue ne sera jamais en adéquation avec ce véloce animal à cornes.

Bélier

Profil astral et caractère

Premier signe du zodiaque, le Bélier incarne le printemps et le renouveau. N'était-il pas celui qui débutait l'année dans les temps anciens ? De fait, il veut toujours conserver cette première place, quels qu'en soient le prix, les efforts ou les sacrifices. Sur tous les fronts, de toutes les batailles, le Bélier n'a pas froid aux yeux, quitte à être parfois aveuglé par son impulsivité. Car à vouloir tout le temps agir et à ne se positionner que dans l'action, le Bélier peut parfois oublier un peu vite que ses actions doivent avant tout avoir un sens… et un but.

Ce signe de renouveau aime être dans le commencement. Plus que n'importe quel autre, ses moments préférés, ces étapes de vie où il se sent pousser des ailes, favorisent les mises en place de projets, que ce soit sur le plan sentimental, sur le plan professionnel ou dans n'importe quel autre domaine. Tout en ébullition quand il s'agit de se lancer, il sait trouver la ressource nécessaire pour mener de front plusieurs projets, mais se laisse aller quelquefois dans la démesure. Plus c'est gros, important, intense, mieux c'est ? C'est bien le problème. À courir plusieurs lièvres à la fois, le Bélier peut avoir tendance à s'éparpiller et à négliger l'essentiel. Ainsi, il peut parfois oublier que l'action pour l'action n'est pas une fin en soi. Le risque ? Même s'il est débordant d'énergie, le Bélier peut finir par s'épuiser à courir dans tous les sens sans avoir la satisfaction du résultat. Or, même s'il a tendance à s'enflammer et à se lancer à corps perdu dans la nouveauté, le Bélier a besoin de s'épanouir aussi dans la réalisation. Il risque fort, sinon, de rester dans la frustration et de ruminer *ad vitam aeternam* ses actes manqués. Il doit ainsi apprendre que la persévérance peut être une compagne de fortune, alors que sa tendance naturelle à passer d'une chose à l'autre sans terminer ce qu'il a commencé peut finir par être pesante, voire nuisible à son esprit d'entreprise.

> Toujours de bonne humeur, le Bélier est un compagnon de fêtes très recherché.

Quoi qu'il en soit, quand on vous dit que le Bélier est fonceur, on ne vous apprend rien. Il se traîne d'ailleurs une réputation de Capitaine Fracasse qui lui colle aux cornes. Pourtant, il sait être bien plus qu'un animal qui fonce tête baissée dans la vie. Car, pour le Bélier, la satisfaction dans l'aboutissement compte heureusement souvent tout autant que l'action. Il sait donc anticiper, même si ses actions sont largement dominées par l'impulsion. D'où tient-il ce pouvoir d'anticipation ? Le Bélier est généralement doté d'un sixième sens qui lui est fort utile dans la vie. Et qui lui évite bien souvent de sombrer dans des entreprises trop risquées, à l'issue desquelles il pourrait se retrouver dans des situations très inconfortables, lui qui aime sans conteste gagner et réussir.

C'est pourquoi ce chef de troupes, ce dominateur qui peut parfois pêcher par précipitation, a tout intérêt à s'ouvrir un peu plus aux conseils. Même si cela est souvent difficile, tant il est persuadé d'être sur la bonne voie, il a beaucoup à gagner à écouter, au moins de temps en temps, les conseils qu'on peut lui donner. Son énergie sera alors plus positive, et ses actions auront plus de chances de rencontrer le succès. Toujours un pied dans l'avenir, le Bélier ne doit enfin pas oublier de savourer le présent et garder en tête les expériences et les leçons du passé. C'est à cette seule condition qu'il pourra avancer pleinement, en utilisant sa créativité et sa belle vitalité à son profit, au lieu de la gâcher en se laissant gouverner par ses défauts notoires : l'égocentrisme et l'impulsivité.

Bélier

Le Bélier en amour

Tout feu tout flamme peut-être, mais passionné très certainement aussi. Le Bélier a besoin de vibrer en XXL, en amour comme dans la vie. Même s'il peut parfois manquer de finesse, le Bélier est assurément vrai dans ses sentiments. Pas de faux-semblants ou de ronds de jambe : quand il aime, il le fait savoir et y met tout son cœur. Car le Bélier n'est pas fait pour les relations tièdes. Ce qu'il cherche, lui, c'est l'amour avec un grand A. Il faut que le cœur batte, que l'œil crépite, que la main tremble… le coup de foudre, c'est son truc. Et quand il a trouvé son alter ego, le Bélier, fougueux et passionné, ne ménage pas ses efforts pour séduire sa belle ou son prince. Capable du meilleur, comme du pire d'ailleurs, pour que l'être convoité baisse sa garde et tombe dans ses bras, il peut parfois surprendre par l'originalité de sa cour et les idées ne lui font jamais défaut lorsqu'il s'agit de séduire.

Il peut facilement succomber au coup de foudre, voire à plusieurs, mais se désintéressera de son coup de cœur, s'il ne l'estime pas à la hauteur.

En revanche, quand il aime et qu'il est sûr de son amour, le Bélier est capable de tout. De décrocher la lune ou de partir au bout du monde… Il sait surprendre, dérouter, même, car son esprit créatif ne manque pas d'imagination. Mais c'est un être extrêmement généreux sur le plan humain et amoureux, qui est capable de donner énormément à l'être aimé. La relation avec un Bélier est riche. Riche d'aventure, riche d'impulsion, riche de vie. Elle peut être aussi un peu explosive quelquefois. Si le Bélier est en couple avec un autre signe fort, un autre signe de feu, au caractère bien trempé (un Taureau ou un Lion par exemple), attention aux étincelles !

> Un coup de foudre, il y succombera facilement. Voire plusieurs fois au cours de sa vie.

Ce caractère emporté, qui peut être carrément de mauvaise foi par moments, ne lâchera pas l'affaire dans un échange houleux. Pire, il peut même devenir un rien agressif ou lancer des piques particulièrement cassantes pour avoir le dernier mot. Et si lui a la capacité d'oublier vite et de pardonner facilement, un partenaire plus rancunier aura beaucoup de mal à digérer certaines paroles blessantes.

Pour lui plaire

Il faudra lui en mettre plein la vue… au moins ! Le Bélier fuit comme la peste les personnalités effacées ou pire les indécis. Attention toutefois, le Bélier aime tenir les rênes. Le séduire oui. Le dominer, non. Il faut donc rester dans la mesure et tirer les ficelles sans en avoir l'air. Ou se laisser porter par cette personnalité qui aime garder l'avantage du choix et de la décision. Ce qui peut être très agréable, avouons-le. Néanmoins, à trop rester sur la réserve avec un compagnon ou une compagne Bélier, ce dernier pourrait finir par être dévorant et décider de tout, tout le temps, sans jamais laisser une chance à l'autre de soumettre ses propres désirs. Il est bienvenu donc, pour une relation sur la durée, de s'imposer un minimum. Inutile de ruer dans les brancards ou de jouer sur les mêmes plans, le Bélier prendrait ses cornes à son cou. En revanche, de la finesse et du doigté pour faire passer ses desiderata peuvent être la bonne attitude face à un Bélier un brin trop imposant.

Pour séduire un Bélier, il faut aussi aimer bouger ! Cet hyperactif, qui a tendance à s'ennuyer bien vite, tournera comme un lion en cage dans une petite vie trop routinière. Il faut donc au mois partager le dynamisme de ce signe qui a la bougeotte. L'aventure vous tente ? Vous partagerez alors d'intenses moments dans de folles équipées… sauvages ou pas.

Bélier

Le Bélier en amitié

Le Bélier, toujours plein d'entrain, est une personnalité qui attire indiscutablement... au moins un maximum de connaissances, sans que ces relations se révèlent être nécessairement des amitiés très solides. En effet, son enthousiasme, généralement communicatif, fait de lui un être entouré, qui trouvera toujours une large audience pour des fiestas. Ce boute-en-train n'est par ailleurs jamais le dernier à organiser une fête ! Que ce soit sur les pistes de danse, ou dans le cadre plus restreint d'un dîner, le Bélier est le roi de l'animation ou du coup d'éclat. Son petit côté clown fait toujours sourire, voire rire, et ses amis savent bien qu'avec lui, on ne s'ennuie jamais. Revers de la médaille, le Bélier peut finir par fatiguer même les plus noctambules.

Toujours le dernier couché, toujours le premier levé, et jamais à court d'idées pour trouver de nouvelles occupations... il faut avoir la santé et une belle énergie pour le suivre dans ses pérégrinations. Mais celles et ceux qui auront autant la pêche que cet animal endiablé passeront en sa compagnie des moments de franches camaraderies ou d'amusement qui resteront dans les mémoires. Sans compter que le Bélier est naturellement chaleureux, ce qui fait de lui un hôte incontournable. D'ailleurs, ce gourmand peut se révéler être un fin cuisinier... et alors sa maison devient le rendez-vous régulier des amis pour des dîners aussi fins en goûts qu'en esprit.

> Sa franchise fait de lui un ami rêvé... lorsque l'on est prêt à entendre ses quatre vérités.

Compagnon de fête mais aussi compagnon solide, car le Bélier est fidèle en amitié sinon plus qu'il peut l'être en amour. Il répondra toujours présent aux sollicitations de ses amis. En revanche, il ne faut pas compter sur lui pour les caresser dans le sens du poil.

Sa franchise, encore une fois, peut parfois agacer ou être malvenue. Et il n'est pas du genre à excuser les fautes ou à garder la tête dans le sac sous prétexte de ménager, y compris ceux qu'il aime. Ce qui peut, dans certaines circonstances, être mal vécu ou au contraire salutaire.

À un proche qui aura besoin de soutien, il prêtera toujours son épaule pour pleurer ainsi qu'une oreille attentive en cas de difficultés. Mais il ne faudrait pas que cela dure trop longtemps. Lui qui est capable de rebondir et de surmonter facilement les échecs aura du mal à s'appesantir sur le sort de quelqu'un qui donne l'impression de se complaire dans son malheur. Il pourrait se lasser assez rapidement de ce genre de relations et prendre de la distance, même avec un proche. Le Bélier est ainsi l'ami idéal pour se faire remonter les bretelles au besoin, mais certainement pas pour pleurer dans les chaumières ! Quoi qu'il en soit, sa gaieté légendaire sera un antidote de choix pour tout ami qui aura besoin de se faire remonter le moral.

Vie sociale et travail

Que ce soit dans sa vie sociale ou dans sa vie professionnelle, ce passionné a besoin de s'investir à fond dans des domaines qu'il aura minutieusement choisis. Impossible pour lui de se cantonner dans une tâche rébarbative ou de rester confiné dans une activité qui ne lui plaît pas. Le Bélier attache une grande importance à son activité professionnelle, laquelle doit être enrichissante et intéressante. S'il ne s'épanouit pas pleinement dans son travail, le Bélier peut trouver des palliatifs dans des activités annexes ou des loisirs où il pourra pleinement exercer ses talents. Mais il ressentira très certainement une frustration dont il aura du mal à s'accommoder sur le long terme.

De fait, le Bélier peut, durant sa vie et au gré de sa maturité acquise au fil des années, changer de métier ou se découvrir de nouvelles passions. Car chez le Bélier, rien n'est nécessairement figé, et il préférera très certainement claquer une porte pour vivre de nouvelles aventures plutôt que de s'endormir dans un poste qui ne le satisfait pas. Dans un cas comme dans l'autre, voilà qui explique que le Bélier peut être capable de mener une grande carrière tout comme il peut subir les pires tâtonnements. Pire, s'il se laisse mener par son impulsivité, il pourrait abandonner un peu rapidement un projet de carrière qui n'avance pas assez vite à son goût... et le regretter amèrement après coup.

Ce meneur, très à l'aise quand il prend les choses en main est fait pour diriger bien plus que pour suivre des directives ! Il a d'ailleurs bien du mal avec l'autorité et la hiérarchie, surtout s'il ne se sent pas reconnu à sa juste valeur, et que ses supérieurs brillent par leur incompétence (réelle ou supposée) ou leur manque de réactivité. Dans ces conditions, le Bélier aura tout intérêt à faire cavalier seul. Son esprit d'entreprise sera ainsi totalement en adéquation avec ses velléités d'indépendance. Seul à mener sa barque, le Bélier pourra mettre toute son énergie et tout son talent au profit de son propre business. Mais gare à l'éblouissement, l'entreprise peut s'avérer périlleuse si le Bélier ne garde pas les deux pieds sur terre.
Trop sûr de lui, pas assez persévé-

[Le Bélier s'engage facilement. Soit parce qu'on lui demande son aide, soit parce qu'on lui propose un projet ou un investissement nouveau.]

> Quelque peu réfractaire à l'autorité, le Bélier peut être coutumier des prises de becs, y compris avec sa hiérarchie.

rant, il peut lui manquer ce petit plus qui permet d'aller au bout de ses réalisations. En revanche, s'il sait tenir le cap et ne pas se laisser tenter par trop d'idées à la fois, ce sera un excellent entrepreneur, doté d'une motivation supérieure à la moyenne. D'autant que le Bélier, qui a une capacité de travail importante, ne lésine pas sur les efforts qu'il doit faire pour remplir ses objectifs.

Car le Bélier peut être un bourreau de travail, capable de travailler nuit et jour, s'il le faut, pour mener à bien ce à quoi il croit. Il peut aisément accomplir des tâches qui seraient insurmontables pour d'autres. Son énergie peut alors être surprenante.

Ce petit dormeur, branché sur du 1 000 volts, peut abattre une charge considérable de travail, mais il n'hésitera pas à demander autant de dévotion de la part de son équipe. S'il sait faire preuve de finesse et évite de se montrer cassant, le Bélier saura d'ailleurs s'entourer de collaborateurs fidèles et efficaces, prêts à le suivre au bout du chemin. Cette aura peut même lui valoir une jolie carrière sur le plan public : en politique, par exemple, il peut mettre ses convictions et ses dons d'orateurs au profit d'un parcours reconnu. Si tant est qu'il arrive à mettre un peu d'eau dans son vin... et qu'il sorte de son costume de Monsieur Loyal.

Très créatif, le Bélier peut étonner par ses réalisations faites maison. Il peut également représenter une impulsion positive dans le milieu associatif, toujours en quête d'esprits éclairés pour faire avancer les choses. S'il met sa créativité au service de l'entreprise, il pourra se réaliser pleinement dans les domaines artistiques ou dans la publicité, par exemple.

Bélier

Domaines de prédilection

Le Bélier peut faire un excellent avocat, notamment s'il croit en son client... et son innocence. Il pourra alors le défendre avec une vigueur et un acharnement insoupçonnés et ses plaidoiries pourront être enflammées. Car le Bélier est très sensible au sentiment d'injustice, et pourrait d'ailleurs même avoir beaucoup de mal à accepter sa défaite dans un procès où il serait convaincu d'être porteur de la vérité, par exemple. Dans un domaine d'activité voisin, il fera aussi un très bon juriste, et ce domaine moins engagé que celui du barreau lui permettra un investissement émotionnel moindre. Une profession qui sera très certainement plus reposante, tout du moins sur un plan moral et dans laquelle il pourra évoluer sans torture intellectuelle inutile, puisque les enjeux se situent ici sur des choses plus que sur des personnes.

Qualités

Son dynamisme et sa vitalité sont ses premières qualités. Ce pêchu sait rallier du monde autour de lui, notamment celles et ceux qui ont besoin d'un décideur. Droit devant, mais aussi droit mentalement, le Bélier sait d'autant plus séduire que sa franchise et son esprit carré en font une personnalité facile à suivre. Le Bélier n'est pas le genre à faire des coups bas ou à manigancer en coulisses.

Il sait aussi allier son esprit vif à une générosité qui plaît forcément au plus grand nombre, ce qui explique qu'il est souvent bien entouré, car c'est quelqu'un avec qui on ne s'ennuie pas.

Spontané, pas calculateur pour un sou, le Bélier a quelque part gardé un regard d'enfant sur les autres, ce qui confine parfois à la naïveté. La méchanceté gratuite ou la volonté de nuire sont pour lui des défauts qui n'ont pas lieu d'être, par exemple. Las, lorsque son chemin croise celui d'un malveillant, le Bélier peut être profondément déçu et blessé, lui qui croit tant en des valeurs telles que l'honnêteté ou la loyauté.

Défauts

Le Bélier peut être impulsif, autant dans ses actions que dans ses réactions, ce qui souvent laisse son entourage dérouté. Pire, à cette impulsivité peut parfois s'ajouter une dose d'autoritarisme qui ne le rend pas forcément facile à vivre. Même si son dynamisme est un formidable moteur pour son entourage, le Bélier peut malheureusement aussi parfois se retrouver isolé s'il laisse ce dynamisme dominé par ses travers égoïstes et égocentriques. Car il a parfois tendance à ne penser qu'à lui, notre Bélier, et à oublier un peu vite que l'autre aussi à son mot à dire, des besoins et des envies, même s'ils sont différents.

Le Bélier ne manque pas de courage, certes, mais il peut se révéler violent dans certaines prises de décisions ou d'actes. Attention aux prises de becs ou aux excès de franchise qui ne seront pas toujours bien perçus. Souvent impatient, il peut même devenir irritable et capricieux si ses désirs ne sont pas satisfaits rapidement.

Taureau

21 avril – 21 mai

Sensibilité : féminine
Élément : Terre
Planète : Vénus
Maison : II, le rapport au monde
Signe polaire : Scorpion

Symbolique

Ce signe de terre, plutôt froid, est fortement symbolisé par la stabilité d'un animal que rien ne peut faire vaciller. Dans la mythologie, le Taureau est aussi très souvent associé à l'idée de fécondité. En ce sens, il est assimilé au père protecteur : celui qui doit rester toujours dans la dure réalité et assurer les besoins de sa progéniture. De la terre nourricière, il puise sa force et son caractère fortement ancré dans le concret, mais il reste du coup quand même souvent très terre à terre. Mais cela ne le gêne nullement, le Taureau porte en lui la vie dont il est empli et savoure les fruits de sa position.

De Vénus, sa planète dominante, le Taureau a hérité un grand sens de l'esthétisme et une sensualité hors pair. De quoi le sortir un peu de la lourdeur et de la rigidité qui peut parfois être récurrente chez lui.

Son alter ego du zodiaque

Le Scorpion

Quand la passion du Scorpion rencontre la raison du Taureau, ça passe ou sa casse. Bien que tout les oppose, ces deux signes peuvent se découvrir de brûlantes passions et vibrer à l'unisson... et pas uniquement en amour. Tous les deux soutenus par la même fougue, ils pourront partager beaucoup s'ils regardent la vie dans le même sens. Mais même s'ils s'opposent violemment, ce sera dans la passion... et le Taureau pourrait bien en être tout retourné et en perdre la raison.

Taureau

Profil astral et caractère

Vous imaginez le Taureau tel celui prêt à embrocher un torero dans l'arène ? Détrompez-vous ! Rien à voir ici avec l'image du taureau véhiculée par la tradition populaire, l'animal enragé au sang bouillant. Non. Le Taureau du zodiaque est un animal en force, d'accord, mais c'est plutôt la force tranquille.

C'est une personnalité posée. Et même si sous ce calme apparent sommeille un caractère qui peut occasionnellement se révéler explosif, c'est globalement un être calme, qui respire la sérénité... au moins de prime abord.

Car au fond, le Taureau n'est pas aussi serein qu'il y paraît. Ses colères peuvent être senties et ses coups de sang, quoique rares, peuvent faire frémir dans les chaumières. Comment expliquer cela ? Le Taureau est une personnalité finalement assez inquiète, il peut donc ne plus se maîtriser dans des moments où il se sent en insécurité. C'est d'ailleurs souvent le cas chez les personnes angoissées, qui peuvent verser dans les réactions extrêmes.

Pour se sentir rassuré, il a besoin d'évoluer dans un environnement sans grosses surprises. Car il aime plus que tout le cadre rassurant des choses établies. La nouveauté ? Ce n'est pas vraiment ce qui l'attire, au contraire. Certes, il n'est pas forcément contre l'évolution, mais disons qu'il préfère largement peaufiner et améliorer l'existant plutôt que se lancer dans l'inconnu, toujours incertain, et donc source de questionnements et d'angoisses. D'ailleurs, le Taureau est plus tourné vers le passé, qu'il regarde avec bienveillance, que vers un avenir qui l'effraie toujours un peu.

Très rationnel, voire parfois calculateur, le Taureau ne laisse pas la place à l'improvisation dans sa vie. Il est du genre à tirer des plans sur la comète, mais uniquement s'il possède en mains tous les outils qu'il faut pour être sûr de ses calculs. Prévoyant jusqu'à en devenir prévisible, il gagnerait à se laisser parfois un peu plus porter par les événements ; ne serait-ce que pour sortir de son côté rigide qui peut être lassant et ennuyeux pour ceux qui l'entourent. Car il ne faut compter sur le Taureau pour apporter un grain de folie dans l'organisation générale !

> [Posé et raisonné, le Taureau est quelqu'un qui ne sort que rarement de la ligne de conduite qu'il s'est fixée.]

En revanche, pour durer, là on peut compter sur lui… Le Taureau s'inscrit sur le long terme, dans tous les domaines de sa vie. Pour un simple voyage ou un projet professionnel plus important, il est capable de prévoir sur plusieurs mois, et d'anticiper tout autant, pour ne rien laisser au hasard. Il ne se laisse ainsi jamais prendre au dépourvu, et limite d'autant la prise de risques. Du coup, il s'inscrit généralement dans la réussite de ce qu'il entreprend puisqu'il en contrôle les tenants et les aboutissants. Par ailleurs plutôt persévérant, il est tout à fait disposé à tenir la barre plusieurs semaines, plusieurs mois ou même plusieurs années s'il le faut, quand il est décidé. Difficile dans ces conditions de lui faire changer de cap, ou pire de l'obliger à faire marche arrière ! Sa ténacité qui peut se rapprocher le cas échéant de l'obstination le rend redoutable dans son relationnel, notamment professionnel. Car ce que Taureau veut… Dieu le veut, comme dit le dicton populaire.

Taureau

Le Taureau en amour

Sous ses airs un peu patauds, un peu bourrus parfois, et derrière son côté un peu raide, se cache quelqu'un d'une grande finesse lorsqu'il s'agit d'aimer. N'oublions pas d'ailleurs que sa planète dominante n'est autre que Vénus, la sulfureuse et féminine déesse de l'amour et de la beauté. Voilà qui laisse des traces dans le ciel astral du Taureau.

Autant le Taureau peut être prévisible – dans le sens le plus négatif du terme – dans certains domaines de sa vie, autant en amour, il peut se révéler tout autre, voire surprenant. Particulièrement porté sur la sensualité et le plaisir, le Taureau accorde aux choses de l'amour en général et du sexe en particulier la plus grande importance. Rien ne lui fait peur ici : la voluptueuse attirance physique cède la place à des amours qui, même platoniques, peuvent être très romancées.
Il se révèle un amant fort attentionné ou une amante terriblement sensuelle. Dans tous les cas, le Taureau attache une grande importance à son ou sa partenaire, dont le bien-être et le plaisir sont primordiaux.

> S'il reste confiné dans sa réserve, le Taureau peut cruellement manquer de spontanéité, de ce petit grain de folie qui crée la surprise.

Pas nécessairement volage, le Taureau peut même être l'élu d'un seul amour… mais alors s'il aime, c'est pour la vie. Voire à la vie à la mort !

Car autant quand il n'est pas encore officiellement amoureux, le Taureau accorde au plaisir de la chair une dimension assez élargie, autant lorsqu'il est en pâmoison, plus question de batifoler. Le côté sérieux et « rangé » du Taureau revient au galop :

très équilibré en couple et en famille dans laquelle il régnera en patriarche, le Taureau sera prêt à donner beaucoup à ceux qu'il aime. Mais il en attendra au moins autant en retour.

Le joli cœur ou la jeune fille un rien frivole peuvent même se transformer en jaloux explosifs. Là, le Taureau passionné par sa moitié risque de devenir extrêmement possessif, jusqu'à l'étouffement. Gare aux excès ! Le Taureau peut même, s'il est jaloux, faire beaucoup de mal autour de lui et s'enfoncer dans une relation qui ne sera enrichissante ni pour lui ni pour l'autre. S'il devait, pour une raison ou une autre, douter de la fidélité de son ou sa partenaire, il ne serait plus jamais tranquille d'esprit... Difficile de poursuivre alors une relation sereine dans ses conditions. Et mieux vaudra pour lui tourner la page que de continuer à douter ainsi de celui ou celle qui pourtant lui enflamme le cœur. Il risque sinon de perdre de son flegme pourtant bien ancré chez lui pour partir dans des colères dévastatrices.

Pour lui plaire

Esthète, le Taureau aime les belles choses ! Un partenaire qui se néglige physiquement aura donc du mal à voir briller des étincelles dans ses yeux. Le Taureau aime le raffinement et les bonnes manières, il est bon de ne pas l'oublier si on veut le séduire.

Son naturel jaloux fait qu'il a besoin d'être constamment rassuré sur la nature des sentiments de l'élu(e) de son cœur. Et c'est à cette condition, et à cette condition seule, qu'il pourra donner tout ce qu'il a à donner. Attention, si vous lui fournissez une ou plusieurs raisons de douter, il en sera fini de votre douce tranquillité. L'animal redeviendra sauvage.

Peu enclin à la communication et aux grands déballages de sentiments, le

Taureau

Taureau s'inscrit plutôt dans les actes, il ne faut donc pas s'attendre de sa part à de longues déclarations enflammées, ce n'est pas un domaine où il excelle. Inutile de le harceler, il serait agacé à la longue et préférera la discrétion à ce niveau et encore une attitude droite qui reflète bien plus à ces yeux la profondeur de l'engagement.

Le Taureau en amitié

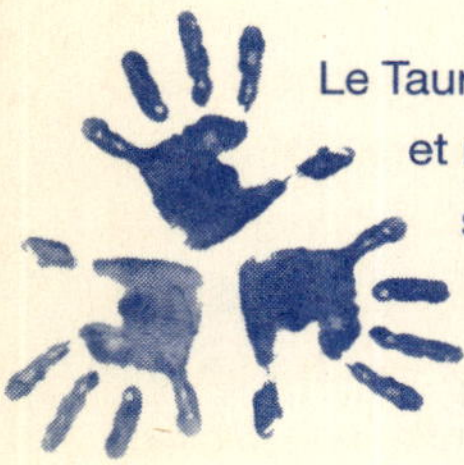

Le Taureau est un bon vivant. Il aime partager du temps entre amis et ne dit pas non à une fête. Mais avant cela, il faut déjà réussir à percer sa carapace ! Car lorsqu'il n'est pas à l'aise ou s'il se sent intimidé, le Taureau montre à tous sa vraie nature : une personne plutôt renfermée et peu encline à la discussion. Ce repli sur lui-même peut même le plonger dans une vision assez égocentrique de sa petite personne, déjà assez naturellement au centre de toutes ses préoccupations.

Ce côté introverti fait que le Taureau est plus isolé qu'un autre signe. Ce n'est pas le genre à avoir un carnet d'adresses plein à déborder de connaissances, à avoir une liste d'amis longue comme le bras. La vie associative en général n'est pas vraiment non plus sa tasse de thé, d'autant qu'il n'est pas particulièrement à l'aise en public surtout s'il se trouve en terre inconnue. Aux grands rassemblements, il préférera donc les rencontres en petit comité, au cours desquelles il pourra plus facilement se dévoiler et donner toute la mesure de sa conversation.

[Quelquefois un peu frustre, le Taureau n'est pas toujours facile d'abord.]

Il préfère donc évoluer dans un cercle restreint d'amis. En revanche, ses relations amicales sont fortes, profondes, basées sur des liens presque indestructibles. Aussi fidèle en amitié qu'il peut l'être en amour, le Taureau est ce que l'on peut appeler un véritable ami, celui sur qui on peut compter quelles que soient les circonstances.

On peut lui reprocher une certaine lourdeur, ou au moins une certaine passivité dans sa gestion de ses relations, mais force est de constater qu'il est souvent l'ami sur qui se reposer en cas de coup dur. Chaleureux et accueillant, il saura ouvrir sa porte à ses amis dans le besoin, tout comme il pourra se révéler être un excellent conseiller. Ses capacités d'analyse et sa propension à échafauder des plans font de lui une personne capable de décrypter les situations les plus floues, les plus complexes. Vous pouvez compter sur lui pour dénouer un imbroglio qui semblait sans issue.

De nature bienveillante, le Taureau sera toujours prêt à fournir des efforts pour que ses amis se sentent bien, heureux. Et même s'il n'est pas forcément partant pour des coups de folie ou des virées décidées sur des coups de tête, ses amis peuvent compter sur son sens de l'organisation pour des projets plus aboutis. Ils pourront d'ailleurs se reposer complètement sur lui s'ils décident d'un projet commun. Organiser des vacances, tenir un budget ou une cagnotte ou même préparer une fête, le Taureau à toutes les qualités requises pour mener à bien ces missions. Et en plus, il aime cela.

Vie sociale et travail

Pour le Taureau, vie sociale et succès professionnel vont de pair. Il serait impensable pour lui de ne pas mettre tout en œuvre pour que sa réussite soit indiscutable. Sauf que contrairement à ce que beaucoup envisagent, la réussite telle que le Taureau la conçoit provient davantage de la satisfaction de la tâche accomplie, et bien accomplie, que de l'ascension à des postes haut placés. Il pense à son statut social

Taureau

très tôt dans sa vie et est tout à fait capable de mettre en place un plan de carrière alors qu'il est encore tout jeune… et, ce qui est plus surprenant encore, de s'y tenir.

Élaborer des stratégies sur le long terme, voilà un domaine où le Taureau a de grandes capacités. « Petit à petit, l'oiseau fait son nid » est un dicton qui lui colle particulièrement bien au sabot.
Toujours très proche de la réalité et de ses possibilités, le Taureau met toutes les chances de son côté pour parvenir à ses fins. Foncièrement ancré dans le concret, il n'est pas du genre à se lancer dans des projets surdimensionnés ou qui ne sont pas à sa portée. Non, il reste dans la mesure, mais, en revanche, il est capable de fournir des efforts conséquents et sur la durée pour aller au bout de ses désirs.

Besogneux, le Taureau est doté d'une capacité de travail qui fera de lui un employé modèle aux yeux de sa hiérarchie. Il est parfaitement capable d'enchaîner les heures, sans faillir ni souffler, s'il est convaincu que le jeu en vaut la chandelle. Et toujours sans précipitations ni stress inutiles. Avec lui, c'est la certitude du travail bien fait, et dans les temps.

Particulièrement bien organisé, il donnera pleinement satisfaction, tant sur le fond que sur la forme, s'il occupe un poste qui demande de telles compétences.

Le Taureau s'avère aussi être un excellent gestionnaire. Et pour cause, il adore, y compris à titre personnel, gagner de l'argent. Ce trésorier né n'aime rien moins que thésauriser, et pas que l'argent d'ailleurs (il s'arrange

> Prévoyant, le Taureau est capable d'échafauder des plans de carrière très tôt dans sa vie et mettre tout ce qu'il faut en œuvre pour atteindre ses objectifs.

toujours pour ne pas manquer de quoi que ce soit et déteste jeter). Vous pouvez compter sur lui pour garder les caisses bien pleines, mais aussi pour assurer une gestion saine de la trésorerie. Ce côté fourmi allié à sa persévérance fait qu'il sera rarement pris au dépourvu. Il peut ainsi réaliser de belles affaires, dans le commerce notamment, ou se révéler être un chef d'entreprise efficace.

> [Travailleur infatigable et efficace, le Taureau fait la joie de ses employeurs. Persévérance, ténacité, patience, obstination et acharnement sont ses maîtres mots.]

En revanche, son grand besoin de sécurité limitera d'autant sa prise de risques et pourra être un frein dans son ascension. Il fuira comme la peste les domaines où règne l'incertitude : la Bourse ou le secteur commercial seraient bien trop anxiogènes pour qu'il puisse s'y sentir à l'aise.

Peu loquace, le Taureau peut tout à fait s'épanouir dans un emploi où il est seul. Il s'y sentira d'ailleurs plus en confiance qu'en équipe où il aura souvent du mal à montrer son vrai visage.

Grâce à sa persévérance et à son courage, le Taureau a le profil type de l'autodidacte. Il peut tout à fait grimper les échelons un à un et obtenir une position de prestige à la seule force de son poignet.

Domaines de prédilection

S'il est doté de talents artistiques, il pourra faire de jolies choses en tant que peintre ou sculpteur, domaines dans lesquels son côté replié sur lui-même ne sera pas un obstacle, au contraire. Il pourra ainsi exprimer pleinement son sens de l'esthétique, voire se rapprocher de la nature dont il est féru. Ses

Taureau

œuvres seront souvent beaucoup plus délicates et soignées que torturées et noires. Il pourra même connaître de grands succès dans les arts tant ses réalisations plairont au plus grand nombre. En revanche, s'il peut s'exprimer complètement dans ses créations, il sera souvent un artiste en repli, voire un peu ours. Il pourra même totalement s'enfermer dans son imaginaire et mettre une distance de plus en plus grande entre lui et son entourage. Les artistes sont souvent seuls au fond, même si en apparence beaucoup de monde gravite autour d'eux ; ce sera le risque que devra prendre le taureau, encore plus qu'un autre signe, s'il suit ce chemin.

En affaires, il n'aura besoin de personne pour mener sa barque et fera sensation dans l'artisanat où sa force de travail couplée à ses capacités de gestion lui fera prendre de la hauteur. Sa petite entreprise, sans conteste, ne connaîtra pas la crise.

Son appétence pour les chiffres et son sens de l'organisation lui permettront d'évoluer positivement dans les domaines de la comptabilité ou de la gestion.

Qualités

Le Taureau est doué d'un sens pratique qui lui est très utile à titre personnel, mais qui peut aussi être fort apprécié par son entourage. Pour faire clair, net et précis, on peut compter sur lui, y compris quand la situation est brumeuse. Cette faculté à rendre les choses simples facilite grandement la vie de ceux qui le côtoient. Pour son entourage, il incarne à raison la sécurité, et il règne souvent en patriarche convaincu et bienveillant sur sa famille à qui il apporte un certain confort. Confort affectif mais aussi matériel, puisque cet économe veillera toujours à ce que ces pro-

ches ne manquent de rien. Toujours sincère dans ses sentiments, le Taureau n'est pas du genre à faire prendre des vessies pour des lanternes. Il ne trompera pas un partenaire pour qui il ne ressentirait pas d'amour. Il préférera s'éloigner et partir à la recherche de l'âme sœur plutôt que de mentir sur ses élans du cœur.
Endurant et résistant, le Taureau est comme le roseau. Il peut plier mais ne rompt pas. Son endurance peut même aller jusqu'à l'acharnement s'il est convaincu par la cause ou s'il s'agit de protéger sa famille.

Défauts

Sous un mauvais jour, le Taureau peut apparaître tellement fermé qu'il en sera difficile d'accès. Parfois timide à l'excès, et caché derrière une rigidité de circonstance, il gagnera à s'ouvrir un peu plus. Même s'il n'est pas naturellement loquace, il aura tout intérêt à se forcer un peu pour échanger un minimum. L'oral n'est pas son fort quand il s'agit de parler de tout et de rien certes, mais un peu de légèreté et de conversation facile lui ouvrirait pourtant plus de portes. D'autant que ce serait aussi une façon d'évacuer le cas échéant un surplus de stress, qui se transforme chez le Taureau en colères mémorables par leur intensité.

Il peut par moments se révéler rancunier. Lui qui est tout en loyauté a bien du mal à accepter que d'autres n'aient pas sa même sincérité. Gare à celui ou celle qui l'oublierait, lui n'oubliera pas et peut en vouloir pendant longtemps y compris à un proche.

Son côté économe, enfin, peut finir par ressembler à de la radinerie. Entre l'envie de conserver pour soi et la pingrerie, il n'y a parfois qu'un pas, qu'il franchit allégrement. Ses amis le savent à leurs dépens, ceux qui se seraient aventurés à lui demander un prêt ou une aide pécuniaire ! Pour donner des conseils et converser sur des stratégies de placements, il est là... mais pour prêter ou dépanner, passez votre chemin.

Gémeaux

22 mai – 21 juin

Sensibilité : masculine
Élément : Air
Planète : Mercure
Maison : III, l'esprit et la communication
Signe polaire : Sagittaire

Symbolique

L'un est l'esprit, l'autre la matière... Les jumeaux qui représentent le signe sont tout à la fois le symbole de la complémentarité et de la dualité. L'un pense, l'autre agit. Ces doubles confèrent au natif du Gémeaux ses variations et ses multiples facettes, lui impulsent une énergie portée par la jeunesse. Car en plus d'être dans la pleine fleur de l'âge, ces jumeaux sont aussi dominés par Mercure en phase ascendante. La planète de la raison dans cette phase est soumise à l'instabilité de l'adolescence, alors que dans la mythologie, les jumeaux étaient souvent décrits comme des enfants. Autant de symboles qui convergent vers un seul et même état : l'insouciance.

Son alter ego du zodiaque

Le Poissons

Quand l'air chaud du Gémeaux souffle sur le froid Poissons, la recette peut être délicieuse, voire succulente. S'il se laisse porter par la liberté du Gémeaux, le Poissons pourra se libérer des angoisses qu'il a chevillées au corps et qui l'enchaînent dans un immobilisme étouffant. De son côté, le Gémeaux pourra beaucoup apprendre du mysticisme et de l'intuition du Poissons. Sur un plan amoureux, tous les deux sont de grands romantiques dans l'âme, même si le Gémeaux n'en est pas toujours conscient.

Gémeaux

Profil astral et caractère

« Il est libre Max », chantait Hervé Cristiani dans les années 80. Son Max était très certainement un Gémeaux. Car rien ne serait plus difficile pour un Gémeaux que de se sentir enfermé ou enchaîné. Porté par l'air, son élément, le Gémeaux fait souffler un vent de liberté sur le zodiaque. Toujours malheureux sous la contrainte, le Gémeaux n'aura de cesse de se libérer des liens qui l'étouffent, aussi bien dans sa vie professionnelle que personnelle.

Ce besoin de liberté peut même aller jusqu'à l'instabilité ou l'insurrection, tant il est présent chez lui. Attention à lui, ses velléités d'indépendance peuvent parfois virer à l'excès. Et il peut se faire alors de belles frayeurs si, tel Icare, il s'approche trop près du soleil, jusqu'à se brûler les ailes. Mais ce besoin de liberté, s'il est bien géré, couplé à sa jeunesse d'esprit permanente, y compris en fin de vie, explique que le Gémeaux fasse partie de ces gens qui n'ont pas peur de foncer tête baissée dans l'inconnu. Si cet inconnu peut apporter mille et une sensations nouvelles, bien entendu ! Très ouvert d'esprit, le Gémeaux a beaucoup de mal à s'accommoder à l'intransigeance et fuira plus que tout les esprits étriqués, qu'il exècre. En revanche, il restera toujours ouvert à la discussion et aux échanges, s'il y a matière à échanger, bien sûr. Communicatif, il adorera partager ses idées ou au contraire les défendre dans des discussions animées mais sans aucune animosité.

Le Gémeaux évoluera facilement dans les milieux intellectuels. Son esprit vif et éclairé en fait un interlocuteur de choix pour toutes celles et ceux qui aiment refaire le monde. Curieux de nature, le Gémeaux sera aussi toujours au fait de la nouveauté, qu'il adore sur tous les plans. Très en avance sur son temps, le Gémeaux est un signe du futur, qui ne s'embarrasse pas des expériences passées. D'ailleurs, il rebondit facilement, car pour lui, rien n'est jamais très grave ni irrémédiable. Une faculté à tout tourner à la dérision qui peut parfois se retourner contre un Gémeaux taxé, à juste titre, d'insouciance voire d'inconstance. Jamais sérieux, toujours facétieux, le Gémeaux garde un air d'éternel adolescent tout au long de sa vie.

[Derrière le Don Juan sommeille un grand romantique qui s'ignore, très fleur bleue.]

Représenté par des jumeaux, le Gémeaux porte en lui ce double visage. Une dualité qui peut bien souvent s'exprimer dans la contradiction. Le Gémeaux peut ainsi croire en deux idées complètement opposées ou défendre deux thèses antagonistes, sans que cela lui pose quelque problème que ce soit. Il peut être ainsi vraiment déroutant pour son entourage ou pire rester dans l'indécision. De fait, le Gémeaux éprouve toujours beaucoup de difficultés à l'heure des choix. Entre les deux, son cœur balance toujours, et il préférera rester dans l'indécision ou poursuivre deux lièvres à la fois que de se poser. Il peut ainsi quelquefois aborder deux visages, et cette personnalité double fait de lui quelqu'un d'assez difficile à suivre. S'il ne vit pas cette bipolarité dans la sérénité, le Gémeaux peut souffrir dans sa vie de cette ambivalence qui peut être un handicap réel dans une vie sociale faite de règles et de convenances.

Dans l'action plutôt que dans l'attente, le Gémeaux peut parfois donner le tournis tant il part dans tous les sens. Il aurait tout intérêt à se questionner de temps en temps sur ses aspirations réelles, sur le sens qu'il veut donner à sa vie... et prendre un minimum le temps d'y réfléchir. Sans quoi il peut passer sa vie à courir après des chimères.

Gémeaux

Le Gémeaux en amour

Aïe, aïe, aïe ! Celui ou celle qui succomberait au charme indéniable du Gémeaux doit s'attendre à une relation faite de hauts et de bas. Et pourtant, il en a des atouts, notre Gémeaux, avec ses airs de Don Juan ! Ce signe à la verve indéniable, au charisme indiscutable attire les conquêtes comme la confiture les mouches. D'ailleurs, les Gémeaux n'ont pas leur pareil pour papillonner de cœur en cœur.

Naturellement peu enclin à s'attacher pour l'éternité, il aura bien des difficultés à se mettre en couple et à s'installer dans le train-train d'une vie à deux établie, même si son cœur bat la chamade. S'il cède aux convenances et se lance dans le mariage, le Gémeaux risque fort de s'y sentir enfermé et de vivre malheureux. Jusqu'au moment où il reprendra inévitablement sa liberté car ce sera pour lui une question de « survie ». Une bouffée d'oxygène chèrement payée et qui se fera bien souvent dans les pleurs.

Si le Gémeaux opte pour le célibat, il ne sera que rarement seul. Il possède en effet un côté chevaleresque qui lui confère un grand succès auprès du sexe opposé.

[Intellectuellement éveillé, le Gémeaux se sent dans son élément lors de discussions sans fin.]

Un rien volage, le Gémeaux adorera butiner de cœur en cœur et pourra accumuler les conquêtes comme d'autres se lancent dans les collections. Pas forcément très fidèle, il ira où l'entraînent ses désirs et pourra même vivre deux histoires différentes en même temps… sans que cela lui pose de problème de conscience.

Porté par la fougue de l'adolescence, il peut tomber amoureux en un quart de seconde et s'enflammer pour un clin d'œil. Son credo amoureux ? Pas de contraintes, pas de prises de tête. Même follement épris, le Gémeaux aura toujours besoin de conserver son jardin secret et de pouvoir faire ce qu'il entend, quand il l'entend. Rien ne serait pire pour lui qu'un partenaire jaloux ou inquisiteur, auquel il devrait rendre des comptes. Le Gémeaux pourrait même alors s'enfoncer dans le mensonge et la mauvaise foi plutôt que de s'astreindre à des interrogatoires en règle.
Parfois contradictoire dans les messages qu'il envoie à l'autre, le Gémeaux ne sera pas forcément facile à cerner, y compris pour celui ou celle qui partage son cœur. Au jeu du « je t'aime moi non plus », il est le champion. À la fois compliqué et terriblement changeant, il pourrait faire tourner comme une girouette l'élu(e) de son cœur. Celui ou celle qui décidera de partager la vie d'un Gémeaux aura tout intérêt à avoir une sacrée dose de patience et suffisamment de confiance en soi pour ne pas se laisser atteindre par les propos d'un Gémeaux en mal de repères.

Pour lui plaire

Assez fleur bleue, le Gémeaux se laissera facilement séduire par un être délicat et raffiné qui partage son goût du romantisme et des grandes déclarations d'amour. Un esthète qui boit ses paroles ? Voilà ce qui fait immédiatement craquer le Gémeaux, lui qui a besoin d'une relation aussi physique que cérébrale.

En revanche, les matérialistes ou les personnes qui veulent au plus vite fonder un foyer doivent passer leur chemin. Le Gémeaux sera dans l'incapacité d'apporter une stabilité matérielle et une sécurité émotionnelle à qui que ce soit.

Gémeaux

Être animé du même désir de liberté que lui peut constituer un énorme avantage, pas forcément pour plaire de prime abord au Gémeaux mais au moins pour faire un bout de chemin avec lui. Avoir ce petit grain de folie, la volonté de vivre intensément et le courage de partir au bout du monde du jour au lendemain. Le Gémeaux aime l'aventure, et les aventuriers.

Le Gémeaux en amitié

D'un naturel gai et enjoué, le Gémeaux est le type même de bon copain que tout le monde aime à avoir. Spontané et imprévisible, il met du peps dans la vie de ses amis et se révèle toujours un hôte fort agréable. Son bagout, sa finesse d'esprit, son humour parfois, font de lui un convive idéal pour animer les dîners ! Pour peu qu'il ait vécu mille et une aventures, le Gémeaux sera au centre de discussions jusqu'au bout de la nuit. Presque trop parfois, car il monopolisera la parole et fera peu de cas des aventures ou des propos des autres.

Il peut se révéler aussi un tantinet égoïste et se révéler un piètre consolateur si ses amis ont besoin de s'épancher. Il a certes l'art et la manière de tout tourner en dérision, et certains pourraient assimiler cela à du détachement par rapport à des problèmes qui pourtant peuvent être sérieux.

Pour l'animation, il est donc au top, mais pour soutenir et apporter une aide réelle à des proches en difficulté, il est plutôt défaillant.

Du coup, le Gémeaux aura facilement de bons copains, mais beaucoup plus difficilement de vrais amis. D'ailleurs, ses relations amicales resteront bien souvent assez superficielles, et cela ne le dérange pas le moins du monde tant qu'il peut jouer l'esbroufe et remplir son carnet d'adresses de simples connaissances ; il risque fort de se trouver bien seul à des moments plus difficiles de sa vie.

D'autant que même ses amis, s'il en a, pourraient à la longue se lasser de son côté moqueur, certes pas méchant dans le fond, mais franchement agaçant à la longue. Celles et ceux qui s'avéreraient un peu susceptibles en prendraient pour leur grade et finiraient par espacer les relations avec ce Gémeaux qui se permet beaucoup de moqueries, pas toujours bien placées.

Infidèle, il pourra passer d'un groupe d'amis à un autre, sans que cela lui pose problème ou pourra même laisser tomber un ami de longue date juste parce qu'il change d'état d'esprit et ne partage plus les mêmes envies. Le problème est qu'il n'hésitera pas à revenir vers l'ami déchu s'il change à nouveau de direction et retrouve un intérêt ou au moins une envie de vivre à nouveau quelques relations. Sauf qu'avec ses gros sabots et malgré un sens du tact très prononcé, ce genre de démarche risque fort d'être au mieux mal comprise, au pire mal vécue. S'il se fait envoyer sur les roses, il ne comprendra pas pourquoi.

Jamais à l'abri d'un gros mensonge de la part de ce spécialiste du bluff, ses amis lui feront de moins en moins confiance et il risque de s'installer dans des relations purement superficielles, tant il perdra sa crédibilité.

Vie sociale et travail

Le Gémeaux a des facilités dans l'apprentissage qui lui permettront d'embrasser à peu près n'importe quelle carrière. Il assimile très facilement et très rapidement et s'engage généralement dans de longues études. Il peut d'ailleurs bien souvent suivre plusieurs cursus différents, en même temps ou à la suite. La seule satisfaction d'apprendre lui procure par ailleurs d'intenses satisfactions. Il peut ainsi s'épanouir pleinement en tant que chercheur, par exemple.

Gémeaux

Sa plus grande difficulté au moment de se lancer dans la vie active sera de porter un choix sur un domaine d'activité. D'une nature très curieuse, il s'intéresse à tant de choses différentes qu'il lui paraît un peu aberrant de devoir se cantonner à une seule carrière. S'il ne se canalise pas un minimum, il peut passer sa vie professionnelle à errer de métier en métier sans jamais se poser. Son instabilité doublée de son inconstance l'empêchent de se fixer. Ce serait sans doute le pire à lui souhaiter, à moins que le seul attrait de la nouveauté suffise à l'épanouir. Mais comme il a tendance à se lasser rapidement, il devra sans cesse chercher des lieux d'aventures inexplorés, au risque de tomber sur moins intéressant.

Impossible pour lui de tenir en place. Le Gémeaux a besoin d'action pour vivre, comme d'autres ont besoin d'air pour respirer… S'il trouve un poste qui demande de nombreux déplacements à l'étranger, il sera ravi, et pourra même y rester longtemps.

Ce roi du mouvement qui a toujours la bougeotte peut aussi prendre les airs ou faire carrière en tant que grand reporter, ethnologue ou médecin du monde. Bref, partout où il y a un minimum de voyages et une bonne partie de l'activité en dehors de ses pénates.

Lui qui s'adapte très facilement à tout nouvel environnement pourra être rapidement opérationnel, ce qui représente un atout de taille. De plus, le Gémeaux est généralement polyvalent et touche-à-tout, deux qualités indispensables pour réussir en terrains inconnus.

Énergique, il comprend rapidement et est capable de réagir en cas d'urgence. En revanche, il manque cruellement de patience et se lasse très vite dès que le travail devient trop routinier.

En entreprise, le Gémeaux aura souvent deux visages. Derrière une allure ouverte et amicale, cet opportuniste peut cacher les pires travers.

[Polyvalent, le Gémeaux ne supporte pas de se restreindre à une seule tâche. Il a besoin de mouvement pour s'épanouir.]

Manipulateur, il est capable de manigancer, de tirer la couverture à lui et de chercher à apparaître comme l'élément indispensable au détriment d'autres, pourtant plus compétents. Il ne s'embarrasse ni de loyauté ni d'honnêteté s'il s'agit de parvenir à ses fins et malgré une large propension à se reposer sur ses lauriers et à en faire le moins possible, il apparaîtra aux yeux de sa hiérarchie comme un salarié irréprochable et saura toujours se mettre en avant pour briguer une position meilleure.

[Un esprit curieux et une soif d'apprendre qui le poussent souvent dans la voie des longues études.]

S'il développe ses sens artistiques, le Gémeaux peut réussir une belle ascension dans les arts. Plutôt bien inspiré, il saura utiliser son imagination féconde et sa sensibilité exacerbée au profit d'œuvres qui connaîtront un certain succès. Comme il est par ailleurs très habile de ses mains, le Gémeaux peut également faire des merveilles dans l'artisanat d'art, dans la restauration de châteaux, par exemple, ou la sculpture.

Domaines de prédilection

Volubile et très doué dans les domaines de la communication, le Gémeaux sera très à l'aise dans un métier qui demande des capacités orales, de la répartie et une aisance relationnelle. Pour le Gémeaux qui n'est intimidé par rien ni par personne, évoluer dans les plus hautes sphères du journalisme, de l'interprétariat ou de la communication d'entreprise ne devrait pas être un problème. Au contraire.
Parler devant une assemblée lui procurant aussi un certain plaisir, il peut trouver un intérêt à exercer une profession dont c'est un point d'orgue : professeur (en université si possible, le Gémeaux aime les publics larges)

Gémeaux

ou pourquoi pas avocat, il pourra laisser libre cours à sa verve dans des plaidoiries hautes en couleur.

Tous les métiers qui impliquent des déplacements sont aussi à sa portée : intégrer un équipage dans l'aviation (peu importe qu'il soit pilote ou hôtesse d'ailleurs) ou alors commercial itinérant. Le principal n'étant pas là le poste mais plutôt la possibilité de bouger tout le temps.

Qualités

Curieux de tout, le Gémeaux est quelqu'un qui ne s'ennuie jamais. Il est en constant renouvellement puisqu'il y a sans arrêt dans sa vie des aventures nouvelles, petites ou grandes. Cette dynamique, il l'entretient absolument car le surplace ou l'idée qu'il ne se passe rien dans sa vie est très difficile à gérer pour lui.

Son esprit fin lui permet de jeter un regard très juste sur le monde qui l'entoure. Il est intelligent en ce sens qu'il sait analyser très rapidement les tenants et les aboutissants face à une situation critique. Il n'utilise par forcément toujours très honnêtement cette capacité (elle lui sert souvent à évincer un adversaire) mais elle lui permet de rester toujours très réactif.

Enjoué et volubile, le Gémeaux est un signe plaisant. Il respire la vie et est souvent joyeux, empressé. Partout où il passe, il laisse des traces dans son sillage car c'est une personnalité que l'on n'oublie pas.

Défauts

Au cours d'une même discussion, le Gémeaux s'enfonce souvent dans des contradictions sans fin. Et avec une assurance insolente. Absolument pas dérangé par ce manque de cohérence, il peut même en rajouter en mentant de façon éhontée. Le principal pour lui étant de garder la main, la maîtrise de la parole. Il est tellement berné par sa propre image qu'il ne se rend même plus compte de l'énormité de ce qu'il avance, pas plus que du scepticisme de ses interlocuteurs. Il est aussi le spécialiste des affirmations lancées sans aucune vérification et peut même, grâce à son assurance, faire douter les plus informés que lui.

Parce qu'il parle beaucoup et qu'il s'intéresse à de nombreux domaines divers et variés, le Gémeaux donne l'impression de posséder une énorme culture générale. S'il picore en effet pas mal d'informations qu'il ressert à la moindre occasion, ses connaissances restent généralement superficielles et peu fiables. Mais il est vrai qu'il a l'art et la manière de les présenter pour qu'elles paraissent fournies et sans matière à contradiction.

Son manque de patience enfin est assez caractéristique ! Il peut s'énerver si la solution n'arrive pas assez vite à son goût ou si ce qu'il attend tarde à venir. Avec lui, il faut que ce soit tout de suite. Avec les enfants, notamment, ce trait de personnalité rend les relations un peu compliquées. Il sera plus à l'aise avec les adolescents, par exemple, s'il se lance dans le professorat, qu'avec les plus jeunes, à qui il faut répéter de nombreuses fois les mêmes choses.

Les Gémeaux sont des personnalités complexes certes, mai leurs aspérités leur donnent une richesse et un intérêt indéniables. Ce sont d'ailleurs souvent des personnes plutôt entourées et avec une vie sociale développée.

Cancer

22 juin – 22 juillet

Sensibilité : féminine
Élément : Eau
Planète : Lune
Maison : IV, les émotions et la sphère intérieure
Signe polaire : Capricorne

Symbolique

Sous les traits d'un immense crabe, le Cancer n'est pourtant pas du tout le crustacé rustre et pinceur que l'on croit. C'est un tendre, tout en douceur et en fluctuation, animé par la sensibilité et la rêverie. Signe d'eau, il est dit féminin, et la Lune lui donne un caractère changeant, mais là encore, ce sera dans le calme. Pas du tout le genre à ruer dans les brancards, il est plutôt de celui des mouvements a minima, en évoluant à son rythme, tranquillement. Mais même s'il avance en crabe, il avance tout de même et, attention, ses pinces peuvent aussi lui servir, surtout si l'on s'attaque à ce qu'il a de plus cher : son foyer.

Son alter ego du zodiaque

Le Capricorne

Quand un signe de la fin du printemps rencontre un signe du début de l'hiver, forcément il peut y avoir alchimie. Et quand la terre (du Capricorne) se mélange à l'eau du Cancer, qu'est-ce que cela donne ? Une drôle de rencontre assurément. Mais en définitive, même s'ils sont foncièrement opposés, le Cancer et le Capricorne peuvent s'apporter beaucoup mutuellement. À la rêverie du Cancer, le Capricorne répondra par une notion de devoir très forte. Et au manque de fantaisie du Capricorne, le Cancer pourra apporter son imaginaire hyper développé.

Cancer

Profil astral et caractère

Ce signe d'eau a conservé de son élément vital le calme reposant du clapotis ou du ressac. D'une grande douceur assortie d'un flegme tout personnel, le Cancer a tout de la personnalité bon enfant, souple et facile à vivre.

Pourtant, sous ces airs débonnaires se cache un lunatique qui se révèle parfois capricieux. D'un caractère bien trempé, il peut, malgré tout cacher une personnalité qui tient d'une main de maître son petit monde. Car le Cancer est un être tout entier dévoué à sa famille, au sens large d'ailleurs du cercle familial. Toujours tourné vers son enfance, qui est généralement empreinte de bons sentiments et d'une certaine mélancolie, il confère aux choses du passé une importance parfois disproportionnée et hors de propos. Il n'hésite d'ailleurs pas à se référer régulièrement à ses premières années et à son vécu, y compris pour prendre des décisions qui concernent le présent ou le futur. Le passé est considéré par le Cancer comme un levier, un socle solide et indestructible, sur lequel il doit impérativement se reposer pour avancer dans la vie.
Peu entreprenant, le Cancer se sentira rassuré par un quotidien routinier, même si celui-ci n'est pas exaltant. Il préférera une existence sans grosses surprises, tant il a peur d'en avoir de mauvaises et de ne pas savoir comment y faire face, et il acceptera sa destinée, quelle qu'elle soit, avec une pointe de fatalisme. Il ne faudra pas compter sur lui pour essayer de changer les choses, tant à son propre niveau qu'au celui plus large de la société. Il est souvent d'ailleurs très impressionné par le monde extérieur qu'il craint toujours un peu. Il s'entoure de barrières essentiellement pour se protéger car il se sent vulnérable par rapport à l'inconnu. Partir en baroudeur à l'autre bout du monde ? Ce ne sera certainement pas son projet de vie ! Il préférera la sécurité de son intérieur, mais aimera s'évader en pensées... sans quitter son canapé.

Doté d'une grande sensibilité, le Cancer s'inscrit dans un rapport à l'autre tout en nuances. Loin du type de personnalité bourrue ou rentre-dedans, il est au contraire tout en finesse et tout en retenue. Il agit avec douceur, en ménageant l'autre autant que faire se peut. Attentif et attentionné, il veillera toujours à ne pas blesser son prochain... et aura beaucoup de mal à comprendre que d'autres n'aient pas ce fonctionnement. Il prend la mouche facilement, et sa susceptibilité parfois inconsidérée peut être un frein à son épanouissement relationnel.

[Plutôt facile à vivre dans l'ensemble, le Cancer peut parfois se révéler capricieux et lunatique.]

Rêveur et généralement pourvu d'une belle imagination, le Cancer est très à l'aise dans son espace onirique et utopique. Il peut ainsi vivre intensément et se créer mille et une aventures sans aucune prise de risques, tout en gardant le contrôle et en se vautrant dans l'illusoire. Ce jardin secret, très important dans l'équilibre du Cancer, est indispensable pour évacuer les frustrations et les angoisses d'un monde réel dans lequel il ose moins s'exprimer. Il veille d'ailleurs avec soin sur ces plages toutes personnelles dédiées à ses rêves. S'il n'avait pas ses portes de sorties, le Cancer trouverait le monde en général et sa vie en particulier, bien tristes et bien cruels, à la limite du supportable.

Cancer

Le Cancer en amour

Le Cancer n'est pas forcément un grand passionné dans la vie, encore moins un exalté. C'est vrai aussi dans ses relations amoureuses. Il pourra tomber amoureux bien sûr, mais il se placera très vite dans l'optique de la construction de son foyer. Même s'il peut succomber au coup de foudre et suivre les élans de son cœur, il ne poursuivra pas longtemps une relation dans laquelle son partenaire n'aura pas le même investissement. De la même façon, son choix se portera inconsciemment vers quelqu'un qui partage la même vision de la vie et de la famille que lui car il a grand besoin d'une relation harmonieuse. Il cherchera donc un partenaire qui aura au moins autant envie que lui de fonder une famille. Un aventurier ou un touche-à-tout ? Il fuira à toutes jambes. Le compagnon ou la compagne du Cancer doit pouvoir amener sa part de stabilité dans le couple et le cercle familial.

Tant qu'il n'aura pas trouvé son ou sa partenaire de vie, le Cancer poursuivra la quête. Il pourra même multiplier les aventures jusqu'à dégoter sa perle rare, celle avec qui s'installer, le but ultime de son existence. Dans cet intervalle, il peut apparaître un peu volage pour un regard extérieur alors qu'en fait, son seul moteur reste toujours le même : s'installer.

> Le Cancer n'aura jamais peur de déclarer sa flamme s'il est persuadé d'avoir en face de lui la personne destinée à partager sa vie.

Une fois casé, le Cancer restera égal à lui-même et couvrira d'attentions l'être cher. Il saura entretenir l'amour tout au long de sa vie et conservera ce même élan, sans doute pas passionnel, mais très certainement tendre et plein de bienveillance.

En version féminine, le Cancer aura tendance à materner son compagnon, alors que monsieur Cancer, lui, restera toujours un grand enfant qui adorera se faire materner.
S'ils s'entendent, ils s'enfermeront dans un cadre assez protectionniste vis-à-vis de l'extérieur. Ils pourront paraître un peu repliés sur eux-mêmes, mais totalement dévoués l'un à l'autre et à leur progéniture.

La vie amoureuse du Cancer devrait donc, sauf exception, ressembler à un long fleuve tranquille, sans heurts ni claquages de porte, la passion laissant la place à une complicité travaillée. Car le Cancer, plus qu'un autre, saura entretenir son couple pour qu'il dure. Il ne sera pas avare de mots tendres et de petites attentions, celles qui ponctueront, il est vrai, un quotidien souvent un peu banal. Le bonheur, il le trouvera dans cette petite vie tranquille et rangée, où il fera rimer amour avec toujours. Et il n'en demande pas plus pour être pleinement heureux.

Pour lui plaire

Le Cancer sera inévitablement attiré par une personne qui dégage cette propension à embrasser ce type de vie toute dédiée au foyer. Il a besoin d'un profil stable, c'est certain, mais aussi souvent d'un guide, qui pourra représenter une ouverture vers l'extérieur.

Le partenaire idéal aura nécessairement le même goût pour les traditions et il devra avoir les mêmes références culturelles. Un Cancer aurait ainsi les plus grandes difficultés à abandonner ses propres traditions au profit de celle d'un conjoint d'une autre origine, par exemple. Du coup, le Cancer a tendance à s'enfermer sur ce qu'il connaît par cœur et ne cherchera malheureusement jamais à s'ouvrir à la différence.

Cancer

D'un tempérament posé, il sera rarement attiré par son contraire et préférera de fait le côté rassurant une personnalité charismatique mais sensée au côté follement imprévisible d'un passionné un peu exalté. Et pourtant, il pourrait être étonné par la réussite de son couple s'il succombait au charme d'un signe très différent dans ses caractéristiques que le sien. Mais il lui faudra une bonne dose de courage pour surmonter ses a priori.

Le Cancer en amitié

Quand il arrive à dépasser sa timidité, le Cancer se révèle être un ami sûr, sur lequel on peut toujours compter. En revanche, il n'est pas le genre à offrir son amitié facilement sur un plateau. Il comptera ses amis sur les doigts d'une main, mais ce sera de l'amitié vraie et profonde dans laquelle il sera prêt à s'investir beaucoup. Toujours à l'écoute, il prêtera une oreille attentive aux petits tracas et gros problèmes de ceux qui se confieront à lui. Son calme lui conférera le statut de bon conseilleur car il saura toujours prendre du recul par rapport à une situation donnée. Une pondération qui sera toujours appréciable, surtout s'il côtoie des personnes qui s'emportent facilement.

[Généralement de bon conseil, le Cancer sait prêter une oreille attentive aux problèmes de ses proches.]

Dans un groupe, il sera souvent la voix de la raison, celui vers qui on se tourne pour neutraliser un terrain miné, le sage, la référence de la stabilité. Des atouts qui font du Cancer un ami que l'on garde sur la durée.

Tout comme il est fidèle en amour,

le Cancer est fait pour les histoires d'amitié qui durent, celles qui jalonnent toute une existence. Il peut vivre de grandes amitiés avec ses camarades d'école, par exemple.

Ce paisible, d'un naturel plutôt contemplatif, pourra par sa seule présence permettre à ses amis d'évacuer leurs tensions, tant son calme est communicatif et sa mine bienveillante. Sa présence seule sera d'un grand réconfort et on le recherchera toujours pour un soutien en cas de coup dur.

Le Cancer goûtera à l'amitié toute simple, sans fioritures. Pas bling-bling pour un sou, il déteste le clinquant et le m'as-tu-vu. Au contraire, il offrira son amitié à des gens simples comme lui qui ont les mêmes préoccupations au quotidien. Ils se retrouveront autour d'un bon repas et échangeront longuement sur leurs projets à court terme ou sur l'éducation de leurs chérubins.

Certes, ils ne parcourront pas le monde ensemble. Pas plus qu'ils se retrouveront pour des soirées jusqu'au bout de la nuit. D'ailleurs, le Cancer gagnerait parfois à sortir de ses relations un peu ronronnantes. Il n'aime rien plus que la tranquillité d'accord, mais un peu plus d'amusement dans sa vie ne pourrait que lui être profitable.

En effet, son côté un peu trop sérieux peut finir par lui faire perdre quelques connaissances ou pire de bons amis, car tous peuvent avoir besoin par moments d'un peu de frivolité, de légèreté. Son éternelle placidité peut devenir ennuyeuse à la longue. Et même s'il est plus à l'aise en petit comité, le Cancer pourrait rencontrer de nouvelles personnes et lier de vraies amitiés avec des profils un peu différents, s'il voulait bien se donner la peine d'aller un peu plus vers l'extérieur. À côtoyer plus régulièrement des natifs de signes plus pêchus, le Cancer pourrait ainsi un peu oublier les convenances et se libérer du poids de la tradition. Une initiative heureuse sans aucun doute, qui lui donnerait ce rien de gaieté supplémentaire et ce petit air joueur qui lui fait défaut si souvent.

Cancer

Vie sociale et travail

Réussir sa carrière ne sera pas l'objectif premier du Cancer. Il a bien mieux à faire dans la vie, notamment réussir sa vie de famille. D'ailleurs, à choisir, les femmes Cancer notamment opteront pour le statut de femmes au foyer plutôt que de briller dans un poste à responsabilités. Une option idéale pour s'épanouir pleinement mais aussi pour ne pas se retrouver obligé de suivre le rythme imposé par le monde du travail, généralement un brin trop rapide pour le Cancer.

Nullement dévoré par l'ambition, le Cancer voit son travail comme un simple outil, utile voire indispensable pour subvenir aux besoins de sa famille. Un moyen de se permettre un certain confort. Mais sans plus. Dans cette optique, pour parvenir à ses fins, le Cancer fera contre mauvaise fortune bon cœur. Une tâche routinière ne l'effrayera pas et l'on sera toujours satisfait de lui tant qu'on ne lui demandera pas plus que de s'en tenir *stricto sensu* à ce qu'il connaît. Car le Cancer ne sera jamais le premier à lancer un projet ou une nouvelle idée. On lui reprochera d'ailleurs souvent son manque flagrant d'initiative, qui pourra même passer pour de la mauvaise volonté. Alors qu'en fait, bien souvent, il ne voit simplement pas l'utilité de se dépasser ou de prendre des initiatives si on ne lui a pas clairement fait comprendre que c'est ce que l'on attendait de lui.

Il est vrai aussi que le Cancer ne sera pas vraiment le genre à se tuer à la tâche ou à déborder d'un esprit d'entreprise. Il pourrait même se laisser aller à son penchant pour la passivité, tant le ronronnement de ce qu'il fait finit par l'endormir. Certains pourront même aller jusqu'à lui reprocher un laisser-aller confinant à la paresse.

Et pourtant, si le Cancer ne doutait pas autant de ses compétences et de ses possibilités, il pourrait très certainement se surprendre lui-même ou mieux

> Réussir sa vie professionnelle n'est pas un but en soi pour le Cancer, qui préférera de loin s'épanouir dans sa famille.

trouver beaucoup de plaisir à se dépasser. D'autant qu'il est débordant d'imagination, une qualité très recherchée dans de nombreux domaines d'activité et qu'il pourrait exploiter de façon profitable.

Il est un autre domaine qui pourrait ouvrir de belles opportunités au Cancer, c'est l'exploitation de son grand intérêt pour tout ce qui touche à la famille, l'enfance et l'adolescence. Là, le Cancer pourrait même se découvrir une envie de faire carrière, mais jamais par intérêt personnel ou par goût de l'argent. C'est sans doute même l'un des rares domaines où l'on pourrait parler de vocation ; pour un Cancer par ailleurs aussi peu ambitieux, cela mérite d'être marqué d'une pierre blanche. Le Cancer qui aime déjà naturellement apporter son aide ou voir évoluer l'enfant aura là de réelles compétences et un potentiel à développer.

Le Cancer, qui n'a pas son pareil pour dénouer des situations conflictuelles, pourra être très utile dans le rôle de médiateur. Au sein même de l'entreprise ou dans des services spécifiques annexes, il aura à cœur de tempérer, rationaliser et enlever toute passion dans les relations parfois tendues entre collègues ou entre la hiérarchie et les salariés.

Domaines de prédilection

La petite enfance, l'enfance et la famille sont des domaines où le Cancer pourra s'épanouir. Il peut embrasser une carrière directement liée aux plus petits ou au monde de l'enfance : puériculture, pédiatrie, professorat, gynécologie… Il sera aussi très à l'aise dans une relation avec le monde de l'adolescence. Ce sera un excellent éducateur, par exemple, passionné par son travail et sa relation aux jeunes adultes qu'il saura comprendre plus facilement que d'autres.

Cancer

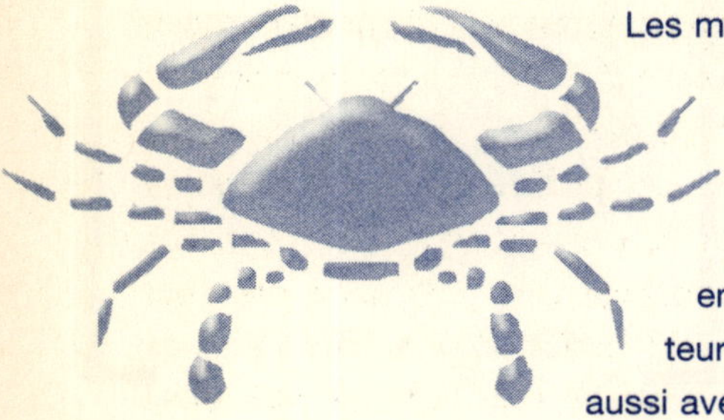

Les métiers dits « féminins » seront ceux qui l'attireront le plus, qu'il soit homme ou femme (infirmier(ère) ou sage-femme, par exemple).

Dans l'entreprise, le Cancer pourra endosser avec succès un rôle de médiateur au sein des ressources humaines mais aussi avec l'extérieur, dans un service juridique ou dans un service de contentieux. Il peut avoir une certaine sensibilité artistique et une expression orale et écrite qui lui vaudra une carrière intéressante dans les lettres. Souvent porté par une sensibilité supérieure à la moyenne, le Cancer peut exceller dans des destinées qui le porteront sur le devant de la scène. Mais il n'est pas du genre à aimer s'y pavaner. Il préfère de loin se préserver un jardin secret conséquent dans lequel il pourra puiser son inspiration.

Qualités

Totalement dévoué à sa famille, le Cancer est capable de mettre énormément d'énergie pour mener à bien un projet qui concerne les membres de son foyer. Car sous ses airs un peu nonchalants se cache quelqu'un d'une grande pugnacité. Encore faut-il que le jeu en vaille la chandelle, mais alors le Cancer sera capable de se surpasser et d'étonner son entourage.

Imaginatif et rêveur, il est capable de plonger complètement dans le monde de l'illusion et d'y faire de fantastiques découvertes. S'il utilise ce don pour le fantasque, il peut voir s'ouvrir devant lui un destin porté par les choses du mystique, ce qui ne serait pas pour lui déplaire. Romancier, peut-être, ou magicien ou pourquoi pas médium. Car il a une autre qualité notable, le Cancer, qui est assez rare pour être soulevée : il est très intuitif. Il sent les choses et généralement de façon assez juste. Sans nécessairement parler de pouvoirs surnaturels, le Cancer a la faculté de percevoir le monde qui l'entoure de façon accrue. Il utilise souvent ce don d'acuité sans s'en rendre compte, mais il est capable de discerner beaucoup là ou tant d'autres ne voient rien. Pourvu d'une belle aptitude à s'organiser, le cancer est quelqu'un qui ne semble jamais se laisser atteindre par l'imprévu. Il est d'un naturel plutôt prévoyant et veille à anticiper au mieux les besoins de son entourage, surtout de sa famille, pour qui le Cancer est souvent un référent. C'est lui qui gère l'intendance et les plannings et permet à ses proches de se débarrasser de toute tracasserie purement réglementaire.

Défauts

Lunatique, le Cancer peu passer d'une humeur à l'autre de façon assez imprévisible et sans raison : d'une apparente gaîté, il plongera dans une mélancolie profonde. Malgré toute la bienveillance dont il peut faire preuve, cet aspect de son caractère est sans doute le plus pénible. Il est parfois difficile à suivre, et son entourage peut finir par lui reprocher ce manque de constance et ses sautes d'humeur. Capricieux, il peut devenir boudeur s'il n'obtient pas ce qu'il convoite dans l'instant.

Mais gare à celui ou celle qui mettrait le doigt sur ces petits défauts, le Cancer peut très mal le prendre. Ce susceptible n'appréciera pas du tout les petites remises en question et risque de se refermer comme une huître.

En société, le Cancer est vite limité dans ses tentatives par son côté impressionnable. Les autres lui paraissent avoir de grandes qualités qu'il n'a pas lui et, du coup, il n'ose souvent pas se montrer tel qu'il est en réalité.

Enfin, son penchant pour l'oisiveté est réel. Tant que cela ne l'empêche pas d'avancer, cela ne nuit pas, mais si cela se transforme en paresse, le Cancer peut finir par s'installer définitivement dans l'attentisme et ne plus du tout prendre les choses en main.

Lion

23 juillet – 23 août

Sensibilité : masculine
Élément : Feu
Planète : Soleil
Maison : V, la créativité
Signe polaire : Verseau

Symbolique

Le Lion est symboliquement le seul seigneur. C'est celui qui protège, défend, mais aussi dirige, domine, commande. C'est celui enfin qui prend les risques. Car ce courageux devra se sacrifier pour sauver ceux qui sont sous sa coupe ou ceux qu'il chérit. Il incarne en outre souvent la beauté, notamment sous les traits d'Apollon. Dans la mythologie, le Lion peut prendre un air nettement moins sympathique. Il peut représenter une certaine violence ou se montrer tyrannique. Sa soif de pouvoir peut enfin le conduire au pire. N'oublions pas que dans la nature, le lion est capable de tuer des petits dans le seul but de récupérer les faveurs d'une lionne.

Son alter ego du zodiaque

Le Sagittaire

Ces deux-là jouent un peu dans la même cour et, entre eux, il n'y aura pas de demi-mesure : ce sera l'amour ou la haine. Qui prendra la tête du commandement ? Cela reste un mystère tant ils veulent tous les deux avoir les rênes en main. Mais si l'un sait intelligemment et subtilement lâcher du lest, ils seront alors capables de vivre de grands moments et de monter de grands projets, car leurs qualités associées en feront un redoutable duo, d'une efficacité remarquable.

Lion

Profil astral et caractère

Le Lion est à l'image même de l'animal qui le représente : c'est le roi, le dominant dans toute sa splendeur, déambulant comme si rien ne pourra jamais l'atteindre. Plus fort, plus déterminé... plus tout. Une force de la nature qui règne comme le maître absolu sur la savane, totalement dévouée et à son service.

De fait, le Lion a hérité de son congénère animal une suffisance qui transparaît dans son caractère. Il saura asseoir sa position sans avoir besoin de s'imposer autrement qu'en étant lui-même. Car le Lion a un charisme naturel au-dessus de la moyenne. On ne peut pas lui enlever, c'est un acquis, une sorte de don inné pour représenter l'autorité.

Car il en impose, le Lion ! Il a une telle confiance en ses compétences et en lui-même qu'il aura même d'énormes difficultés à se remettre en question. S'il réalise au cours de sa vie qu'il a fait un faux pas, il saura revenir en arrière et présenter la situation à son avantage. Mais des remises en question profondes, sur sa personnalité ou son caractère, seront toujours douloureuses et assorties de crises d'identité parfois spectaculaires.
Mais tant qu'il n'a pas de raison de douter ou que personne ne s'avise de le brosser dans le sens contraire du poil, le Lion continuera sur sa lancée, la tête haute et les épaules larges, fier et sûr de lui. Allant de l'avant toujours, sans se pencher ni utiliser les erreurs du passé pour progresser, le Lion est un être incontrôlable pour autrui, dominé par sa seule volonté.

Cette force indéniable et ce charisme naturel sont des atouts qui le placent au-dessus de la mêlée, à un point tel qu'il peut finir par se sentir supérieur à la moyenne et devenir imbuvable. Il pourra alors avoir un relationnel très tendu avec ceux qui croiseront son chemin. Mais cela le laissera souvent indifférent, tant il est convaincu qu'il vaut mieux que cela.

Son besoin permanent de briller (n'oublions pas qu'il est dominé par le Soleil, sa planète maîtresse) l'incitera quand même à rechercher toujours dans le regard des autres cette pointe d'admiration dont il a besoin pour continuer.

[Tout comme le soleil, sa planète maîtresse, le Lion vit pour briller.]

Pragmatique, il utilise son intelligence à son service. Il est parfaitement capable de s'inscrire dans la réflexion sur le long terme s'il est convaincu de parvenir au résultat escompté. Même s'il se place dans l'action, il n'est pas le genre à foncer tête baissée et préférera toujours réfléchir plutôt deux fois qu'une et être sûr de son fait. Il limite ainsi les risques de se tromper et jouit très souvent d'une belle réussite, au moins sur le plan social.

Car porté par ses succès, le Lion pourrait se laisser aller à ses pires défauts : l'orgueil et la vanité, il se croira tout puissant et terriblement plus intelligent que le reste du monde. Si rien ni personne ne le fait redescendre sur terre, il ne doutera plus de rien et pourra sombrer dans toutes sortes d'excès : la démesure sera alors de mise dans son comportement. Il peut finir seul et sans le sou ou criblé de dettes. Il sera alors dévoré par un profond sentiment d'injustice tant il ne comprendra pas pourquoi personne ne l'admire plus et pourquoi il ne réussit plus.

Envahi pas une colère sourde et incapable d'adapter son attitude pour pallier ses défauts, il peut s'enfoncer encore plus. Le Lion aura donc tout intérêt, y compris lorsqu'il sera au sommet de sa gloire, à écouter un minimum son entourage pour ne pas s'enliser dans un isolement dans lequel il serait très malheureux.

Lion

Le Lion en amour

L'homme Lion est un homme à femmes. Et la femme Lion, une séductrice née. Le Lion subjugue, magnétise, attire… et en profite au maximum. La liste de ses conquêtes est souvent sans fin et il n'hésitera pas à multiplier les rencontres du moment qu'elles lui apportent une satisfaction toute personnelle. Car le Lion est, avant tout, tourné vers son plaisir personnel, et son petit côté égocentrique fait qu'il s'autosatisfait généralement de ce que lui apporte l'autre.

Pourtant, le Lion sait aussi être sentimental et romantique. C'est d'ailleurs souvent quelqu'un qui aime profondément et est animé de sentiments vrais. Mais en retour, il attend d'être servi au moins à la même hauteur. Il a besoin de sentir qu'on lui donne autant que lui-même donne. Attentions, dévotion totale ou partielle, il ne faudra pas que l'être aimé soit avare de gestes tendres ou de démonstrations… si possible ostentatoires ! Car le Lion n'en a jamais assez. Plus on lui dit qu'on l'aime, plus il se sent aimé, plus il aime ! Une générosité exponentielle qui peut donner à son couple une certaine stabilité si son partenaire partage ce même besoin. En revanche, un amoureux ou une amoureuse plus introvertis pourra souffrir de la distance que pourrait mettre entre eux un Lion qui se sentirait en mal d'affection.

Très sensuel, le Lion accorde à l'amour physique une importance assez élevée. Il s'inscrit dès la rencontre dans la séduction et serait bien en peine de séduire quelqu'un qui ne lui plaît pas physiquement. Plutôt exigeant avec lui-même, il le sera aussi avec son conjoint. Lui qui déteste le laisser-aller voudra toujours être accompagné de quelqu'un de soigné, au physique avantageux et avec une élégance certaine.

[Puissant et entreprenant, le Lion se place en véritable chef de groupe.]

S'il se sent en phase physiquement, le Lion sera un excellent amant, capable tout à la fois de sentiments intenses et de sensations charnelles fortes. Il saura mieux que personne faire concilier amour et sexe, et sa vie intime sera épanouie et riche. Le respect de l'autre sera aussi important que le respect de soi car le Lion, qui ne peut vivre sans être admiré, ne peut aimer sans admirer : il tiendra dans ces conditions son amoureux ou son amoureuse en haute estime.
Quand il sera bien installé dans son couple et s'il fonde une famille, le Lion veillera sur les siens avec beaucoup d'attention. Il chérira son petit monde et se posera en chef de tribu protecteur, toujours aux petits soins pour ceux qu'il aime… et que personne ne s'avise de leur faire du mal ! L'instinct primaire de la lionne envers ses petits prendrait alors tout son sens.

Le Lion qui, même en famille, gardera toujours ce besoin de briller, ne manquera pas d'exposer les siens si cela lui permet de susciter l'admiration par procuration. Pas question en revanche d'avoir un conjoint qui réussit mieux que lui. Mais un faire-valoir, voilà qui lui procurera beaucoup de satisfactions.

Pour lui plaire

Le Lion n'est pas du genre à fondre pour n'importe qui ! Il lui faut du raffinement, de l'élégance et un minimum de position sociale. Avoir de l'esprit aussi et un bon bagage culturel, lui qui ne peut se satisfaire de médiocrité. Mais attention, de tout cela, il lui en faut… mais point trop. Car le Lion ne supporterait pas de se sentir en deçà de celui ou celle qui partage son cœur. Il ne faudrait pas oublier quand même que le plus fort, le plus beau et le plus intelligent, c'est lui. Pour le séduire, il faudra donc toujours veiller à subtilement lui rappeler qu'il est merveilleux et extraordinaire de façon à le rassurer.

Quitte à le ramener les deux pieds sur la terre ferme un peu plus tard. Quoi qu'il en soit, cette admiration ne devra pas être feinte. Le Lion a réellement besoin de voir briller cette étincelle dans le regard de l'autre, de se sentir admiré. Car il avance aussi souvent grâce au regard de l'autre. Impossible pour lui de s'investir dans une histoire sans cette dimension.

Le Lion en amitié

Un signe comme le Lion qui s'inscrit autant dans la réussite aura très certainement une vie sociale bien remplie. Comme en plus, il s'agit d'une personnalité qui aime être entourée, ne serait-ce que pour mieux briller, il y a fort à parier que le Lion pourra compter sur de nombreuses connaissances pour partager sa vie mondaine. Intéressant, quoique parfois un peu superficiel, le Lion fera toujours son petit effet dans des soirées, surtout s'il est au centre de tous les regards. Il prendra d'ailleurs beaucoup de plaisir dans des mondanités sans fin, et au milieu d'autres personnes de son niveau social. D'un naturel volubile et extraverti, il ne sera nullement intimidé dans les réunions de grande envergure, y compris celles où il pourrait croiser des personnalités publiques ou des notables reconnus. Il se sentira à l'aise à peu près partout, car il serait bien le dernier à se sentir gêné de quoi que ce soit, tant il est sûr que sa présence peut apporter beaucoup à l'audience !

Dans le cercle plus restreint des amis proches, le Lion se montre souvent beaucoup plus profond qu'en société. Il quitte ses habits de lumière et peut beaucoup gagner en simplicité, une qualité indispensable pour des relations amicales sincères. Même s'il appréciera toujours d'être flatté (on ne se refait pas !), le Lion oubliera enfin qu'il est seul au monde et surtout qu'il est le « meilleur » dans tous les domaines. Il pourra alors avoir des amitiés très fortes, presque passionnelles, dans lesquelles il s'investira profondément. Ses amis pourront être assurés de sa présence à leurs côtés. En cas de coups durs, sa solidité sera même un véritable atout car le Lion saura rassurer et apporter une aide très appréciée. Souvent de bon conseil, le Lion est donc un ami à la fois sincère et sur qui on peut compter. En revanche, il sera exigeant quant à ses choix. Sélectif, il ne donnera pas son amitié au premier venu et aura besoin de temps pour se livrer totalement. Il n'aura d'ailleurs que peu de véritables amis mais il leur apportera autant d'attention qu'à sa famille. Présent en cas de besoin, généreux souvent, sensible aux autres toujours, il manquera pourtant malheureusement souvent de discrétion et se laissera parfois aller au déballage de ses bonnes actions.

Il restera malgré tout apprécié et son aura, son charme, sa présence indéniable auront raison des dernières réticences. En résumé, le Lion n'est pas un signe qui fait dans la demi-mesure : on l'adore ou on le déteste. Et cela lui convient parfaitement comme cela. Il fait d'ailleurs généralement assez peu attention à ce que les autres pensent de lui et préfère se concentrer sur ce qu'il pense de lui-même.

Vie sociale et travail

Porté par une volonté hors du commun, le Lion n'est certainement pas le genre à faire du surplace dans sa vie professionnelle. Et comme il a une ambition au moins aussi importante que sa détermination, il sera capable de faire fi de tous les obstacles. Taillés pour la réussite, les Lion ont bien souvent de grandes destinées (Napoléon était Lion, par exemple) ou au moins des carrières remarquables. Entreprenants, ils n'auront jamais peur de s'attaquer à des projets d'envergure et possèdent une force de travail largement suffisante pour assouvir leurs désirs. le Lion est généralement largement dominé par son objectif, bien plus que par les moyens. Ce qui le pousse avant tout, c'est d'arriver au sommet, peu importe pour lui de trouver du plaisir dans ce qu'il fait puisque sa satisfaction est extrême du moment qu'il arrive à obtenir ce qu'il convoite : la première place ! Écraser quelques têtes sur son passage, cela ne le dérange pas le moins du monde, lui qui n'est arrêté par aucun scrupule. Et s'il doit s'accommoder à sa façon avec les règles ou une certaine notion de l'honnêteté, cela ne lui posera aucun problème de conscience. La fin justifie toujours les moyens.

Entreprenant mais réfléchi, le Lion est d'autant plus efficace qu'il a des dons certains pour l'analyse. Il voit toujours très clair dans les stratégies adversaires et peut analyser très rapidement une situation complexe et adapter ainsi son comportement ou son action.

Capable du meilleur... mais aussi du pire tant il est prêt à tout pour réussir, il pourra tout à la fois faire des choses formidables ou sombrer dans le despotisme le plus noir. Mais une chose est sûre et certaine, le Lion n'est pas fait pour s'enfermer dans un poste routinier et surtout sans aucune possibilité d'évolution... Il s'y enfermera, se morfondra, sera dominé par la colère. Et si, par malheur, il a du personnel sous ses ordres, il se montrera sans doute un rien tyrannique.

Le Lion a pourtant des dispositions évidentes pour commander. Et il saura mener son monde d'une main de fer s'il est épanoui dans ce qu'il fait. Il pourra d'ailleurs tout à fait s'épanouir totalement dans le commandement lui-même. Il peut occuper de hautes responsabilités dans l'armée, par exemple, une position qui lui donnera de grandes satisfactions. Véritable guide pour ses troupes, il entretiendra des relations fortes et ambivalentes avec ses hommes... s'ils sont à la hauteur. Car gare à ceux qui ne se dévoueraient pas assez aux yeux du maître ! Le Lion déteste plus que

[Son but ? Le succès, rien que le succès. Le Lion n'est pas fait pour être un challenger.]

tout la médiocrité ou le manque de motivation et peut le faire savoir plutôt durement. Mieux vaut donc lui être dévoué corps et âme si l'on veut profiter quelque peu de ses faveurs... et de son ascension.

> Une ambition qui peut être dévorante et une volonté au moins aussi importante. Le Lion est prêt à tout pour parvenir à ses fins.

De la même façon, il est largement préférable de suivre son rythme. Dynamique et entreprenant, très souvent dans l'action, le Lion aura bien du mal à comprendre le laxisme ou la passivité. Ceux qui ne suivront pas le rythme se retrouveront très vite hors jeu avec le Lion, même s'ils ont des compétences indéniables pour la tâche qui leur incombe.

Le Lion a enfin une dernière qualité qui lui permet d'obtenir une position sociale avantageuse : il est très réaliste. Il n'est pas du genre à se lancer dans des projets trop risqués ou à se mettre en danger par manque de précaution. Plutôt visionnaire, il est capable de voir précisément quelles sont ses possibilités d'action et d'évolution et ensuite de mettre en œuvre ce qu'il faut pour réussir. Ceci fait de lui un partenaire redoutable en affaires, et son sens du business peut même lui faire atteindre les plus hautes sphères de l'économie.

Domaines de prédilection

Le Lion est fait pour diriger, là-dessus, il n'y a pas l'ombre d'un doute. Il a toutes les qualités requises pour grimper toutes les marches du succès et rester en pôle position. Et comme il ne s'embarrasse pas de bons sentiments, il pourra se glisser sans problème dans le costume du politicien et y faire merveille. Lui qui aime le pouvoir pour le pouvoir, il devrait être servi ! Les petites tractations en coulisses et les retournements de veste ne lui faisant absolument pas peur, il pourra briguer les plus hauts postes dans l'administration ou les partis politiques, sans

Lion

jamais se retourner sur ses actes. Une aubaine pour ceux qui sont de son côté, un ennemi à craindre pour les autres. Dans le même genre, il pourra faire carrière dans l'armée où sa puissance de décision fera de lui un incontournable au poste de commandement.

Vouloir dominer, si ce n'est pas une fin en soi, peut être aussi un formidable moyen de mettre en avant ses compétences. Alors que d'autres n'oseront jamais pousser les portes ou laisser libre cours à leur créativité, le Lion sera capable de montrer à quel point ce qu'il fait en vaut la peine. Dans les affaires, lui qui est toujours avide de pouvoir et de réussite écrasera tout sur son passage. Mais cela lui permettra de récolter les lauriers et, dans les domaines où il est bon, de se mettre en avant. Le Lion aura toutes les chances de rester sous les feux des projecteurs : il peut exceller au cinéma, mais fera aussi des étincelles dans le monde de la finance, de la banque ou dans la publicité.

S'il a des dispositions particulières dans un sport, le Lion aura le profil du sportif de haut niveau. Il ne sera pas nécessairement le meilleur dans sa discipline, mais il aura suffisamment de hargne et de volonté pour toujours essayer de finir premier.

Qualités

Le Lion est une personne qui se place dans la distinction. Généralement élégant, il cultive une certaine idée du raffinement ; ce qui fait de lui quelqu'un de tout à fait respectable… au moins dans son apparence. C'est un personnage que l'on remarque obligatoirement, qui a de la prestance, beaucoup d'allure et un port de tête qui incite au respect.

Dynamique et avenant, le Lion est porteur. Il entraînera souvent dans son sillage nombre de personnes admiratives de sa belle assurance mais aussi de ses réalisations. Quant à sa volonté, elle n'a d'égal que sa puissance et sa force naturelle. Il est l'un des signes les plus opiniâtres de tout le zodiaque. Ses capacités à se battre sont exceptionnelles. Abandonner ? Jamais. Il se battra jusqu'au bout et défendra ce à quoi il croit. C'est souvent grâce à cette extraordinaire volonté qu'il parviendra au bout de ce qu'il aura décidé.

Défauts

Entre la fierté et l'orgueil, il n'y a qu'un pas que le Lion franchit très régulièrement. Avoir confiance en soi, c'est positif car cela permet d'avancer, mais une trop grande suffisance telle que celle qu'il arbore souvent est réellement déplaisante. À la limite du narcissisme, le Lion est souvent vaniteux et à une telle image idéalisée de lui-même que certains prennent leurs jambes à leur cou quand il est dans les parages. Mais est-il aussi sûr de lui qu'il y paraît ? Pas toujours ! Et certains Lion cachent ainsi de véritables angoisses.

Le Lion cède souvent à la vantardise. Il étale, fanfaronne, en rajoute, s'exalte… et finit par lasser même ses plus fervents admirateurs. On le taxe enfin bien souvent d'une certaine superficialité. Et il faut avouer que même s'il est très intelligent, le paraître est tellement important pour lui qu'il oublie de rentrer au fond des choses. C'est dommage, il gagnerait beaucoup à s'occuper plus du fond que de la forme.

S'il est complètement établi et bénéficie d'une position de dominant enviable, le Lion pourra se laisser gagner par une certaine paresse, se contentant de diriger les autres pour qu'ils fassent, à sa place, ce qu'il décide qu'il est nécessaire de faire. Las ! Cette attitude le pousserait dans les pires retranchements, car il y perdrait de cette aura donc il a tant besoin pour exister.

Vierge

24 août – 23 septembre

Sensibilité : féminine
Élément : Terre
Planète : Mercure
Maison : VI, le matériel et le quotidien
Signe polaire : Poissons

Symbolique

Signe de fin d'été, la Vierge est à la croisée des chemins. Dominé par la terre et Mercure, qui reposent tous deux sur la raison, le natif de ce signe porte en lui la sagesse et la lucidité. Généralement représenté par une jeune fille, ce signe féminin pourrait de prime abord paraître fragile. C'est pourtant un signe qui se caractérise par une volonté et une ténacité couplées à une forte dimension analytique. D'ailleurs, l'épi de blé porté par la Vierge symbolise la raison humaine. Sous des aspects un peu rigides, la Vierge peut se révéler d'une grande générosité, à l'image des récoltes qui jalonnent son mois zodiacal. En revanche, la Vierge peut manquer un peu d'originalité ou de reflet, tout comme le marron, sa couleur, peut paraître un peu triste.

Son alter ego du zodiaque

Le Taureau

Avec sa force tranquille, le Taureau rassure la Vierge, alors que le côté très rationnel de la Vierge convient bien au Taureau. Ensemble, ils ont la capacité de se projeter très loin et cette même volonté de s'inscrire dans la durée. En revanche, comme ils s'inscrivent tous les deux dans la rationalité la plus poussée, ils peuvent se satisfaire d'une même direction, d'un même cheminement de pensée et manquer cruellement d'ouverture. Et comme ils sont tous les deux assez introvertis, ils risquent de s'isoler et de s'enfermer dans une relation qui au final, manquera de vie extérieure.

Vierge

Profil astral et caractère

La Vierge est l'un des signes les plus réfléchis du zodiaque. Autant dire qu'elle réfléchit à deux fois – voire trois – avant de faire le moindre pas. Elle préférera toujours prendre le temps d'être sûre de ses actes plutôt que d'agir dans la précipitation. D'ailleurs, précipitation est un mot certainement absent de son vocabulaire.

Plus que tout, la Vierge recherche la perfection. C'est ce qui explique son extrême soin dans le moindre de ses faits et gestes. Cette recherche constante de perfection peut la placer à force dans une position inconfortable. Elle peut verser dans l'excès et son côté tatillon, déjà un peu pénible pour son entourage, peut se transformer en obsession. La Vierge peut ainsi être fragilisée et peut même souffrir de troubles du comportement si sa maniaquerie devient inconsidérée.

Bien souvent, par ces gestes répétitifs et cette volonté de tout maîtriser, la Vierge cache une anxiété réelle, une inquiétude, généralement injustifiée quant à ses possibilités. Et c'est en s'astreignant à régler les moindres détails que la Vierge parviendra à se rassurer, en ne laissant rien au hasard. Cette perfectionniste cache ainsi une inquiétude notoire voire pathologique qui poussera toujours plus loin sa maîtrise si jamais les aléas de la vie lui donnent un peu plus à douter.

Pour avancer en toute sécurité, la Vierge a besoin d'ordre. Méthodique, elle anticipe tout et met en place des plans pour tout ce qu'elle entreprend, que cela concerne sa vie personnelle ou sa vie professionnelle. Dotée d'ailleurs de bonnes capacités de gestion, elle utilise sa logique très pragmatique pour soigner tout ce qu'elle fait dans les moindres détails.

Elle est terriblement rationnelle et ne se permet pas de se laisser guider par ses émotions. Bien souvent d'ailleurs, ses émotions sont refoulées car elles la plongent dans d'éternels questionnements. Ne sachant comment réagir face à un ordre non établi, ou plutôt un désordre, elle préférera toujours s'obliger à réprimer ses sentiments, pour limiter toute incertitude quant à l'avenir.

[La Vierge a souvent beaucoup de mal à livrer le contenu de son cœur par peur d'être déçue.]

Cette propension à calculer, à trop réfléchir et vouloir sans arrêt savoir dans quel plat exactement elle va mettre les pieds pousse la Vierge à rester dans un certain attentisme. Ajoutez à cela une nature plutôt pessimiste et vous comprendrez pourquoi elle donne souvent l'impression de rester dans son coin, affligée par une sorte de masque de circonstance, comme frappée par un malheur latent. C'est un cercle vicieux, car cet enfermement la rend de plus en plus inquiète, et tout ce qui est nouveau, étranger ou inconnu, lui procure de grosses angoisses. Elle peut finir par devenir aigrie, ou pire étriquée d'esprit, persuadée que les autres sont responsables de son mal-être.

Si elle arrive à se sentir suffisamment en confiance, la Vierge pourra au contraire utiliser ses qualités pour se construire une vie, certes pas placée sous l'insouciance et l'aventure, mais équilibrée et pleine de satisfaction.

Discrète, la Vierge déteste plus que tout être placée sous les feux de la rampe. Elle préférera de loin l'ombre, et se satisfera pleinement des seconds rôles. Au second plan, en revanche, elle pourra s'exprimer plus librement, et si elle se sent en confiance, pourra exercer un rôle de choix en coulisses.

La Vierge enfin, est un signe qui a une grande particularité. À côté de ce portrait très en retrait, peut exister ou même coexister une Vierge toute différente, dominée par la planète Mars. C'est celle qu'on appelle la Vierge folle ! Elle sera tout le contraire de la Vierge telle que nous l'avons décrite : complètement excentrique, elle donnera le tournis et s'installera dans l'excès sur tous les plans de sa vie. Elle pourra sombrer dans les pires travers, devenir désordonnée, dilapider son argent ou se vautrer dans la luxure. Plus étonnant encore, la Vierge peut passer de sage à folle plusieurs fois dans sa vie. Un remake de *Docteur Jekyll et Mister Hyde*, en quelque sorte.

La Vierge en amour

La Vierge n'est pas du genre passionnel. À l'image de sa nature plutôt réservée, elle peut paraître un peu timorée quand il s'agit de sa vie sentimentale. Non pas qu'elle ne ressente jamais de sentiments intenses, mais disons qu'elle a du mal à montrer ce qu'elle ressent… d'autant plus qu'il s'agira d'émotions fortes, ce qui l'effraie infiniment.

Bien souvent, elle a très peur d'aimer tout autant que de ne pas être aimée. Car l'amour, c'est aussi prendre des risques et s'exposer. Or, par peur, la Vierge préférera ne pas s'engager tant elle craint de souffrir ou d'être quittée.

> Peu expansive elle-même, elle déteste les déclarations en grande pompe ou les manifestations de tendresse en public.

De la même façon, elle aura bien du mal à s'engager pleinement dans une relation, préférant souvent être seule que mal accompagnée. Chez la Vierge, la raison l'emporte toujours sur le cœur.

Pas impulsive pour deux sous, la Vierge n'est pas du genre à se laisser aller au coup de foudre. Même si elle cède aux avances d'un ou d'une partenaire, elle analysera la situation avec beaucoup de calme, de façon à se détacher au maximum de sentiments incontrôlés. C'est son élément, la terre, qui la ramène toujours à un matérialisme primaire, loin des envolées sentimentales.

Toujours introvertie, elle peut arborer un masque d'une grande froideur alors qu'elle bouillonne à l'intérieur. C'est la reine en matière de composition et de retenue. Et son partenaire pourrait voir de l'indifférence là où finalement il peut y avoir beaucoup d'amour. Elle devra donc veiller à s'ouvrir un minimum si elle ne veut pas dérouter et surtout passer à côté d'une très belle histoire d'amour.

Il en faudra donc de la patience à celui ou celle qui aura décidé de séduire la Vierge. Assez compliquée, jamais la dernière à couper les cheveux en quatre, elle est réellement difficile à suivre, y compris quand on y met de la bonne volonté. Ce n'est qu'à force de persuasion et de preuves d'amour qu'elle daignera faire confiance et enfin écouter son cœur… si tant est bien sûr que cette relation soit analysée comme positive par elle.

Une fois en couple, la Vierge reste une personnalité peu expansive. Elle cherchera à montrer son attachement par d'autres moyens que les longues déclarations d'amour, en étant particulièrement serviable par exemple. D'une fidélité irréprochable, elle pourra tout à fait représenter le conjoint parfait, l'équilibre sans aucune aspérité. Trop, parfois. Au final, la Vierge, à ne jamais vouloir sortir de son côté madame (ou monsieur) perfection, en devient ennuyeuse, même si elle est capable d'un dévouement sans faille pour les siens.

Pour lui plaire

Rien n'indispose plus la Vierge que le désordre. Pour lui plaire, il faudra partager avec elle ce goût de l'ordonnancement (sauf si elle est plutôt Vierge folle)

aussi bien physiquement que mentalement. Car la Vierge n'est attirée que par les personnalités bien droites, extrêmement rationnelles, au physique soigné et irréprochable. Le grain de folie ou le look décalé ? Très peu pour elle.

En couple, il faudra veiller à la rassurer régulièrement mais sans toutefois tomber dans l'ostentation et toujours dans le privé. Sa personnalité discrète déteste les déclarations en public ou les surprises un peu folles qui la mettraient très mal à l'aise. La mesure est donc de mise, aussi bien pendant la phase de séduction que dans un couple plus installé.

La Vierge se sentira choyée dans la chaleur d'un foyer et n'a que peu de goût pour les escapades amoureuses ou les grandes aventures... En revanche, elle a besoin d'une personnalité positive qui pourra contrecarrer le négativisme dont elle est une grande spécialiste et ainsi lui permettre de voir la vie en rose.

La Vierge en amitié

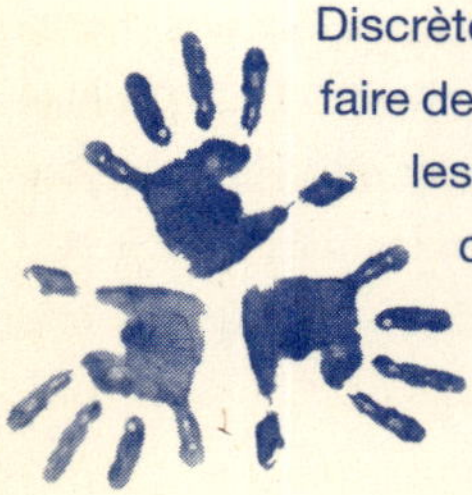

Discrète et timide, la Vierge a généralement bien du mal à se faire de nouveaux amis. Elle traverse souvent l'enfance et l'adolescence un peu seule, complètement annihilée par ses complexes et son pessimisme. Heureusement pour elle, elle déteste être seule, et finit par se forcer, avec bonheur, à aller vers les autres. Et celles et ceux qui arriveront à percer sa carapace seront récompensés par un grand sens de l'amitié. Simple dans ses relations à l'autre, la Vierge est quelqu'un avec qui partager franchement, sans complications particulières, une amitié toute tranquille.

Son sens de l'analyse sera très apprécié de ses amis, et son esprit critique peut être bienvenu pour quelqu'un qui aurait besoin de redescendre sur terre. Comme elle jouit en plus d'un grand sens de la diplomatie, elle sera capable de dire ses quatre vérités à un ami sans le blesser, de quoi en faire une relation très profitable et une amie dont la franchise sera bienvenue.

> [Même si elle ne va pas facilement vers les autres, la Vierge n'aime pas se sentir isolée.]

Sa modestie sera appréciée, car même si elle mène une vie confortable, elle ne sera jamais du genre à en mettre plein la vue. Même si elle réussit professionnellement, cela ne se verra jamais sur elle ou dans sa façon de vivre. Elle préfère de loin conserver et économiser plutôt que de jeter l'argent par les fenêtres. Ce qui ne veut pas dire que la Vierge manque de générosité. Au contraire, toute dévouée à ceux qu'elle aime, elle n'aura aucun mal à apporter son aide à un proche en difficulté. Elle saura même être charitable au besoin. Mais attention, si un ami lui emprunte de l'argent… il aura tout intérêt à le lui rendre dans les délais impartis et au centime près. La Vierge attend des autres autant de droiture et de méticulosité que celles dont elle fait preuve. Capable de tout intellectualiser, elle n'en reste pas moins coincée par un esprit un brin conservateur, et son manque d'ouverture peut rendre les débats, même amicaux, un tantinet limités. Il sera difficile – voire impossible – de lui faire changer d'idées, ou plus encore, de la faire sortir des clous. Il ne faudra pas compter sur la Vierge, très respectueuse de la règle, pour bousculer l'ordre établi, même en paroles.

Dans un groupe, elle ne sera jamais le moteur ni le personnage emblématique vers qui tout le monde se tourne. En revanche, elle aura le mérite de s'inscrire dans la durée et la solidité. Elle ne sera jamais à l'initiative de sorties ou de projets, mais suivra le groupe avec entrain. Un entrain mesuré, cependant ! Car les explosions de joie n'étant pas l'apanage de la Vierge, il faudra parfois deviner plus que constater qu'elle est heureuse. En soirée, ce ne sera jamais le trublion de la fête mais plutôt celui ou celle qui ramènera la voiture en cas d'abus. Pourtant, en se permettant de temps en temps quelques écarts, la Vierge pourrait enfin tomber le masque.

Vie sociale et travail

Aucun doute, la Vierge est l'employée idéale. Elle met un point d'honneur à travailler toujours le plus sérieusement possible et reste très concentrée sur la tâche à accomplir. Difficile de trouver quelqu'un de plus pointilleux. L'ensemble est toujours soigné, avec un sens du détail et de la précision qui lui est propre. Toujours ponctuelle, irréprochable, elle fera l'admiration de sa hiérarchie mais agacera souvent ses collègues. Ils peuvent se sentir en danger ou souffrir de la comparaison avec ce salarié modèle.

La Vierge qui souvent sous-estime ses capacités professionnelles est pourtant quelqu'un qui doute beaucoup. Elle compense en fournissant un gros travail et en ne laissant – jamais – rien au hasard. Car pour rien au monde, la Vierge voudrait être prise en défaut. Cette exigence qu'elle a envers elle-même, elle l'aura aussi envers son équipe si elle doit en diriger une. Ceux qui n'auraient alors pas son sens du détail risquent de souffrir tant la Vierge peut se montrer intransigeante. Dotée d'un grand sens critique, la Vierge se place souvent en tant qu'observateur et elle peut avoir la réplique cinglante si elle est persuadée que d'autres bâclent ou sabotent son projet.

Même si en théorie elle est capable de déplacer des montagnes par la

[Ponctuelle, méticuleuse, précise et méthodique, la Vierge possède toutes les qualités pour satisfaire celui qui l'emploie.]

seule force de son travail, dans les faits, la Vierge reste souvent en retrait et ne jouit pas d'une ambition démesurée. Elle préférera toujours rester en second plan, une position qui lui apportera assez de sécurité pour qu'elle puisse s'épanouir.

En définitive, elle sert surtout les intérêts de ceux qui l'emploient mais mise sur le temps pour asseoir sa position. Patiente, elle voit très loin et préfère établir des plans de carrière sur des années. Elle sait d'ailleurs souvent très jeune quelle voie emprunter et change rarement de direction. Car si elle ne vise pas le prestige et la première place, la Vierge a quand même assez d'ambition pour vouloir un poste qui lui apporte un certain confort de vie et une aisance financière. Elle aime l'argent, et cela la motive bien plus que les lauriers. Ajoutez à cela une facilité à réaliser des économies et vous comprendrez que la Vierge pourra joindre l'utile à l'agréable dans un poste où il s'agit de compter. Dans la comptabilité ou la finance (mais surtout pas dans la Bourse), ses qualités seront très appréciées et elle gravira les échelons un à un.
À l'opposé, la Vierge aura du mal avec l'improvisation. Il ne faudra pas compter sur elle pour un brainstorming ou faire appel à sa créativité, plutôt réduite à son minimum. Sa rationalité exacerbée la tient éloignée des domaines plus artistiques ou plus créatifs. Quant à sa timidité, elle l'empêche d'évoluer dans des milieux où elle devrait jouer de sa personne. Trop en retrait pour aller défendre un projet ou une idée, elle restera toujours cloisonnée dans son bureau ou son atelier et laissera les autres monter au créneau, même si elle s'est investie.

Domaines de prédilection

Cette fourmi fera sensation dans les domaines de la comptabilité mais aussi de la gestion. Elle est tellement rigoureuse et tellement tatillonne que le risque d'erreur est quasiment impossible avec elle ! Si jamais elle entre dans un service où elle doit contrôler les autres, elle cherchera toujours la petite bête, ce qui sera très pénible pour ses collaborateurs. Si elle devient contrôleur des

impôts, les mauvais contribuables n'ont qu'à bien se tenir… elle pourra leur donner des cauchemars même s'ils ne se sentent pas en faute.

Très organisée et possédant un sens pratique évident, la Vierge pourra aussi s'épanouir dans tout métier où l'organisation prime : la documentation ou le secrétariat, mais aussi pourquoi pas l'événementiel, si elle dépasse sa timidité ou se révèle plus Vierge folle que Vierge sage.

Une chose est certaine, quels que soient ses choix, la Vierge évitera les changements et s'en tiendra à une évolution sur le long terme. Elle fera en ce sens un excellent fonctionnaire, puisqu'elle ne sera jamais pressée et préférera acquérir ses galons à l'ancienneté plutôt qu'au zèle.

Qualités

La Vierge adopte un style de vie simple quel que soit son compte en banque. Elle n'a aucun sentiment de supériorité face à ses congénères, ce qui la rend dans une certaine mesure accessible. Elle ne fait d'ailleurs pas grand cas de l'apparence et préfère s'attacher à la façon d'agir de ceux qui croisent son chemin.

Ordonnée, elle est rarement prise au dépourvu (elle déteste cela) et est un pilier à ce niveau pour sa famille. Ils peuvent tous compter sur elle pour prendre l'organisation en main, en soignant les détails bien sûr. Du coup, elle est aussi un peu prévisible et gagnerait certainement à se laisser aller à plus de spontanéité.

Finalement plutôt active sans être dans la précipitation, la Vierge n'est pas du genre se laisser aller à la paresse ou à l'attentisme. Que ce soit dans le travail ou dans son foyer, elle essaie toujours d'avancer et de régler les problèmes qui se présentent. Elle y réussit d'ailleurs plutôt bien car elle sait observer, analyser et conclure, et se trompe rarement.

Défauts

La Vierge a ce don de s'autocritiquer qui n'est pas toujours très constructif. De fait, cela nuit à l'image qu'elle a d'elle-même et du monde qui l'entoure. Elle manque dans ces cas-là de légèreté et peut verser dans le pessimisme le plus primaire. À force de toujours voir le verre à moitié vide, elle perd toute foi en ses capacités, et c'est bien souvent à tort.

Son côté assez conservateur peut pousser jusqu'à l'intolérance parfois et certains pourront la trouver réellement étriquée d'esprit. Dans la même idée, sa totale incapacité à enfreindre les règles, même les plus idiotes, lui procure une tranquillité indéniable mais la fera passer pour au mieux complètement coincée, au pire rétrograde, surtout dans son jeune âge. Sensible au stress, elle anticipe toujours négativement sur ce qui peut lui arriver et finit par oublier de vivre sereinement, tout attachée qu'elle est à parer au pire.

La Vierge peut afficher une certaine froideur, surtout si elle est animée de sentiments qui la dépassent. Toujours attachée aux convenances et désireuse de ne jamais se dévoiler par manque de confiance ou par peur du regard de l'autre, elle met de fait une certaine distance avec ceux qui l'entourent. C'est d'autant plus dommage qu'elle ne supporte pas de rester seule. En s'ouvrant un peu plus, elle pourrait se rendre plus accessible.

Balance

24 septembre – 23 octobre

Sensibilité : masculine
Élément : Air
Planète : Vénus
Maison : VII, l'échange
Signe polaire : Bélier

Symbolique

Utilisée comme instrument de mesure, la balance est aussi le symbole de la justice. C'est ainsi que ce signe du zodiaque qui marque l'entrée dans l'automne est à la fois marqué par une volonté d'équilibre et une détermination prononcée pour l'équité.

Son élément, l'air, qui est chaud et humide, et sa planète maîtresse, Vénus, confèrent à ce signe une grande sensualité doublée d'un intérêt non négligeable pour les choses de l'amour. Les Balance apportent une grande bouffée d'oxygène dans le zodiaque ; ils sont le signe du calme et du repos, du bon sens aussi, sans violence, tout en douceur.

Son alter ego du zodiaque

Le verseau

Tous les deux partagent le même sens de la justice et de l'équité, un point commun qui forcément pèse son poids. En revanche, le Verseau se situe plus dans l'action, alors que la Balance a tendance à rester dans la réflexion. Tous les deux sont animés par des sentiments vrais et font preuve de la même bienveillance à l'égard de ceux qui les entourent. Ils sont semblables sans être similaires et se comprendront facilement.

Balance

Profil astral et caractère

Droite comme un « i », la Balance incarne tout à la fois les notions de paix et d'équilibre, et sa référence à la justice est très forte dans son profil. Si sa symbolique est empreinte d'une certaine rigidité, dans la réalité, la personnalité de la Balance est beaucoup plus malléable. C'est même l'une des caractéristiques premières de ce signe : une grande souplesse d'esprit.

De fait, même si la droiture de la Balance est évidente, elle est avant tout morale et absolument pas teintée de raideur. Plus que tout, elle est sensible à l'équité et les inégalités lui sont insoutenables.

Conciliante, la Balance sera toujours à la recherche du compromis. C'est une nature tempérée, qui soufflera toujours le chaud et le froid pour parvenir à un accord. Las, à force de toujours chercher le compromis, elle peut finir par tomber dans la compromission et préférera toujours un accord bancal plutôt que des positions tranchées.

Si, dans la majorité des cas, ce trait de caractère est un véritable atout pour celle qui se place comme une référence pour signer des protocoles de paix, il peut aussi lui faire perdre de vue qu'il est parfois préférable de ne pas renier ses convictions, quitte à ne définitivement pas être d'accord.

La Balance est une personne posée, calme et réfléchie qui utilise son intuition plutôt juste des choses qui l'entourent au service, toujours, de ce grand besoin d'équilibre. C'est le signe de l'apaisement et la Balance plus que tout autre a un grand besoin d'harmonie et de paix.

C'est la raison majeure pour laquelle elle fuit les conflits ou au moins tente de les régler quand elle ne peut pas y échapper. Ne cherchez jamais à être en opposition avec la Balance, c'est peine perdue ! Elle nivellera toujours, composera, acceptera ou réussira à vous faire changer d'avis, mais ne pourra pas rester en désaccord.

[Si elle ne trouve pas l'amour, la Balance sera malheureuse car elle ne supporte pas de vivre seule.]

Car la Balance a besoin de se sentir à la fois aimée et comprise : ce sont les conditions *sine qua non* pour atteindre sa paix intérieure et donc sa vitale sérénité. Elle préférera souvent prendre la poudre d'escampette plutôt que de rester dans un environnement litigieux. Elle sera capable aussi de dépenser une énergie folle et de passer des heures s'il le faut pour convaincre du bien-fondé de ses opinions. Si elle pousse un peu trop loin cette démarche, elle pourra paraître un peu naïve, car croire qu'il existe une pensée unique est une utopie pour ne pas dire une hérésie, tant les échanges et le progrès s'effectuent parfois dans la contradiction.

Le natif de la Balance est un bon communicant. Il maîtrise parfaitement les joutes oratoires et bénéficie d'une bonne présence en public. Cela lui permet d'endosser encore plus facilement sa robe de juge, et il donne aux mots un poids important en favorisant toujours le dialogue. Il préférera d'ailleurs souvent les mots aux actes... quant aux armes, vous l'avez compris, il les exècre.

Ce pacifiste, profondément ancré dans l'amour de son prochain et l'humanité, sera toujours blessé par la cruauté du monde quand il la rencontrera. Même si la malhonnêteté, l'iniquité ou l'agressivité sont des états qu'il ne comprend pas, il ne sera jamais animé de sentiments violents, même s'il se sent victime. Il préférera l'analyse et le pardon à la vengeance.

Balance

Mais attention, ce n'est pas parce que la Balance est profondément gentille qu'elle en devient bonne poire. Elle est généralement assez réaliste et sait parfaitement mener son monde… mais avec ses propres moyens, c'est là la seule différence.

Souvent indécise, la Balance a bien du mal quand sonne l'heure du choix. Elle peut passer des heures à peser le pour et le contre sans trouver de solutions claires. Elle sera souvent amenée à demander à son entourage proche son avis, pour finalement trancher et décider.

La Balance en amour

La Balance est un signe qui accorde au physique une place de choix. À son physique d'abord, mais aussi à celui de son ou sa partenaire. Toujours élégante et tirée à quatre épingles, elle cultive une certaine idée de la distinction et aime à paraître à son avantage. Elle aime plaire, c'est indéniable. Et plus elle se sent désirable, plus elle dégage de l'aura…

De fait, la Balance a souvent beaucoup de succès auprès du sexe opposé. Cette séductrice dans l'âme, au masculin comme au féminin, se place en véritable esthète de l'amour. Pour beaucoup, il sera bien difficile de résister à son charme naturel combiné à sa verve éloquente. Pourtant, le natif de la Balance n'est ni un tombeur invétéré ni une croqueuse d'homme. Il agit bien souvent dans la discrétion et mène ses affaires de cœur avec le même tact dont il est pourvu dans d'autres domaines.

> Le natif de la Balance est l'ami idéal : sincère, généreux, gai et dévoué. Difficile de faire mieux.

De plus, la Balance attache une importance élevée aux apparences et au qu'en-dira-t-on. Ne comptez pas sur elle pour se vautrer dans la luxure, elle déteste la vulgarité et aura une piètre image d'elle-même en succombant à de tels désirs. Non, la Balance reste quoi qu'il arrive une personne pondérée et ses affaires de cœur sont bien plus sentimentales que sexuelles. Il s'agit quand même de rester toujours respectable.

Ce qui ne veut pas dire non plus qu'elle se drape dans une pudibonderie d'un autre âge. Mais ici encore, elle préfère rester dans la mesure.

Grande sentimentale, la Balance a énormément besoin qu'on lui rappelle aussi souvent que possible à quel point on l'aime. Elle est sensible aux compliments et se délecte de déclarations passionnées. Elle qui place le verbe si haut, attend, dans un domaine privé, une aussi grande loquacité qu'en public.

Si elle est en couple, la Balance accordera à sa moitié une importance toute particulière dans sa vie. N'oublions pas que la Balance est gouvernée par Vénus, la spécialiste de la vie amoureuse.

Elle-même romantique et attentionnée, elle attendra de son ou sa partenaire les mêmes marques de tendresse et d'amour. Pas question de se laisser aller à la routine ou de laisser se développer au sein de son couple des mésententes, sources de futurs conflits, d'autant que la Balance a éminemment besoin d'un climat affectif serein et harmonieux car c'est là qu'elle se ressource. Le foyer de la Balance sera donc un havre de paix, et le couple qu'elle formera sera signe de longévité, de solidité et fera très souvent l'admiration de l'entourage proche. Mais attention, les apparences peuvent parfois être trompeuses.

La Balance pourra en effet préférer fermer les yeux sur des problèmes de couple réels plutôt que de remettre en question un équilibre établi. Son éternel besoin d'être accompagnée et sa faculté à la compromission peuvent l'aveugler et la pousser à rester dans un couple où, pourtant, l'harmonie n'est qu'en façade.

Balance

Pour lui plaire

Adeptes du laisser-aller ou du tout nature, passez votre chemin, la Balance n'est pas sensible au look négligé. Elle est exigeante sur le physique de celle ou celui qui partage son cœur, tout comme elle veille aux détails sur son propre physique. Complètement portée par ses émotions, la Balance n'est en effet pas le genre à s'installer dans une relation par raison ou par compatibilité de caractère. Elle a besoin avant toute chose d'une attirance physique réelle et de sentir son cœur battre dans la poitrine. Elle a aussi besoin de pouvoir regarder sa ou son partenaire avec du désir dans les yeux. Sensuelle et voluptueuse, la Balance devra retrouver chez l'élu(e) de son cœur cette même appétence pour les plaisirs charnels. Elle aime être câlinée et a besoin de gestes tendres au quotidien.

La Balance en amitié

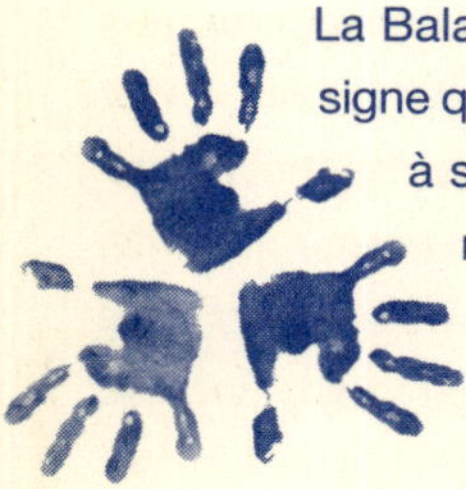

La Balance, qui recherche toujours la compagnie d'autrui, est un signe qui jouit d'une grande popularité. Sa prestance naturelle, alliée à sa soif de dialogue, en fait une personnalité pleine de charisme et vers qui les regards convergent souvent.

Attention toutefois, contrairement à d'autres signes, la Balance ne se place pas dans l'ostentation. De la même façon, elle n'est pas du genre à monopoliser l'attention et la parole pour le simple plaisir d'être le centre d'intérêt. Elle agit plus dans la discrétion et ne cherchera pas nécessairement à se faire remarquer. En revanche, les autres viendront assez naturellement vers elle pour converser et échanger. Elle inspire confiance et son analyse, toujours juste et mesurée, permet le dialogue sans risque d'opposition. Par ailleurs courtoise et bien élevée, elle peut évoluer sans aucun problème dans tous les milieux sociaux sans jamais manquer d'allure ou être décalée.

Très à l'aise dans les mondanités, la Balance peut courir les soirées et les activités sociales et y trouver une grande satisfaction.

Dans le cercle plus restreint des amis proches, le signe de la Balance fait office de référent. C'est celui vers qui l'on se tourne toujours car il sait être dévoué et apporter une aide efficace et sans arrière-pensée. D'une grande bonté, comme l'on en trouve rarement, la Balance est le type même de l'amie fidèle et sincère. Sa nature altruiste et généreuse lui confère presque une aura divine.

Ses amis aiment se retrouver en sa compagnie, si possible chez lui, car son intérieur reflète la même tranquillité d'esprit qui est sienne. Elle sait trouver les mots justes qui réconforteront, soulageront ou expliqueront et vous vous en doutez, on fait toujours appel à elle pour apaiser les tensions éventuelles ou dénouer un conflit. Vous pouvez compter sur elle pour délivrer un jugement impartial sur une situation complexe.

Indulgente et compréhensive, elle est ouverte à toutes sortes de discussion et sa grande liberté d'expression n'a d'égale que son ouverture d'esprit. Chez la Balance, il n'y a pas ou peu de sujets tabous, si tant est que l'on reste dans le respect de l'autre et que l'on évite la vulgarité. Mais la Balance n'est pas seulement une amie avec qui converser.

Elle sait également s'amuser. Toujours gaie et enjouée, elle saura partager des moments de bonne humeur en toute simplicité, sans complication ni prise de tête.

[Les gens sont assez naturellement attirés par la Balance qui dégage une grande sérénité et un équilibre certain.]

Balance

Vie sociale et travail

La Balance possède une bonne conscience professionnelle. Les natifs du signe aiment satisfaire leur hiérarchie et éprouvent un certain épanouissement dans l'accomplissement de leur tâche. Néanmoins, ce signe n'est pas celui de l'esprit d'entreprise. Loin des ambitions dévorantes d'un Bélier ou d'un Lion, la Balance est plutôt du genre à se contenter de ses acquis. Loin d'elle l'idée d'aller monter son affaire ou de se jeter à corps perdu dans le travail. Elle réfléchit beaucoup et agit peu, se contentant de s'acquitter du strict nécessaire, souvent plus préoccupée par les grandes causes et les croisades contre les inégalités, plutôt que par un poste qui lui paraîtra un tantinet désuet face aux grandes misères du monde.

Ce n'est vraiment pas le genre à faire du zèle ni à se battre pour un projet si elle n'a pas dudit projet une image hautement valorisante. C'est dommage, car la Balance aurait la largeur d'épaules nécessaire et les qualités requises pour remplir de hautes fonctions dans l'entreprise. Elle a la carrure pour prendre des responsabilités et le profil idéal pour diriger en douceur une horde de sous-fifres.

Elle peut donc rester des années à une même place ou dans un domaine qui ne lui sied pas particulièrement sans trouver le courage de changer. Elle trouvera dans cette situation un confort rassurant mais passera à côté d'une carrière plus exaltante ou plus proche de ses préoccupations majeures. Ce manque de volonté, qui peut se rapprocher de la nonchalance, lui nuit sur le long terme, car ses compétences pourraient être bien plus utiles ailleurs.

Mais elle se laisse ainsi aller à un penchant certain chez elle à savoir l'inaction, voire la paresse.
En revanche, si elle évolue dans un domaine où elle peut mettre à profit sa

> **Pas d'excès de zèle chez la Balance... elle peut même se laisser porter par une certaine nonchalance.**

sagacité ou si le projet entre dans son idéal, elle peut faire montre d'une certaine volonté.

Mais dans le monde plus terre à terre du travail tel qu'on le connaît, elle se contentera souvent des seconds rôles ou des postes moins en vue, se libérant l'esprit pour des causes plus louables.

Par contre, elle veillera, quel que soit son poste, à évoluer dans un environnement sain, sans stress ni tension inutile. Que ce soit physiquement (elle portera une attention particulière à la décoration de son bureau, par exemple) ou psychologiquement en se gardant bien d'entrer en conflit avec quelque collègue que ce soit. Partout où elle passera, la sérénité régnera... Ce qui pourrait lui permettre d'occuper un rôle un peu spécial dans l'entreprise.

On pourrait ainsi lui confier, sans qu'elle l'ait réellement demandé, un rôle de médiateur au sein de l'entreprise. Son jugement sain et équitable sera toujours recherché par les parties en présence, qui pourraient facilement s'en remettre à son avis. Elle se révèle souvent douée pour la psychologie et on viendra facilement se confier à elle. Si elle travaille en équipe, on appréciera son sens de la diplomatie et elle mettra un point d'honneur à conserver de bonnes relations avec ses collègues et sa hiérarchie.

Domaines de prédilection

La Balance bénéficie d'un sens de l'esthétisme très poussé. Si elle l'associe à une imagination créatrice fertile, elle pourra réaliser des chefs-d'œuvre dans sa vie. Elle aime les belles choses et les belles choses le lui rendent bien.

Balance

Son raffinement lui permettra de réaliser un parcours sans faute dans le monde du luxe. C'est d'ailleurs un univers dans lequel elle pourra réellement se sentir investie. Son élégance naturelle et son goût pour l'apparat seront des atouts incontestables pour réussir dans ce domaine pourtant généralement réservé à une minorité d'initiés.

Son talent indéniable pour la communication en général et le dialogue constructif en particulier lui permettront de faire une carrière remarquée dans tous les domaines où la négociation orale est primordiale. Il peut s'agir des activités de communication au sens large mais aussi des domaines plus pointus de la négociation. Elle peut se surprendre en trouvant beaucoup de plaisir dans la négociation de contrats immobiliers ou financiers.

Enfin, cette justicière au grand cœur sera bien inspirée d'embrasser une carrière juridique. C'est sans doute là, en tant que juge ou avocat, qu'elle pourrait vivre le plus intense épanouissement professionnel.

Qualités

Affable, la Balance a vraiment tout de la personne bienveillante. Il n'y a pas chez elle une pointe de méchanceté ou de malveillance, elle respire la sincérité et la gentillesse. Si elle n'est pas mise en danger car cela ne représente pas chez elle une fragilité (elle saura très bien se défendre si elle est attaquée) elle peut irriter avec son côté « tout le monde est gentil »... Se laisser aller à la critique ou au commérage peut parfois être terriblement utile, car c'est une façon formidable de doper la confiance en soi (en sapant celle des autres, il est vrai !). Quelques moqueries bien senties ne méritent nécessairement pas de passer à l'échafaud et cela fait du bien parfois de se laisser aller, il y a déjà tellement de politiquement correct dans la société! La Balance pourrait essayer de temps en

temps, cela la mettrait un peu plus au niveau de tout le monde.
Dotée d'une bonne assise psychologique, la Balance ne manque pas de confiance en elle. C'est quelqu'un de très équilibré avec une force intérieure qui lui permet justement cette bienveillance qui lui est propre.

D'une grande indulgence, elle pardonnera assez facilement les comportements déviants mais moins les coups bas. Elle est compréhensive, ce qui permet d'aborder très librement avec elle toutes sortes de sujets, même sensibles.

Défauts

Cette tranquillité que la Balance affectionne tant peut finir par endormir son entourage. Elle est reposante, certes, mais un peu d'action de temps en temps maintient en forme tout de même. Chez la Balance, on frise la paresse bien souvent pour ne pas dire la mollesse. Elle gagnerait à se secouer un peu plus souvent pour mettre un peu plus de dynamique dans sa vie et dans celle de ses proches. Si elle vit avec un signe qui a de l'énergie à revendre entreprenant (comme le Bélier, par exemple), elle suivra plus facilement le rythme. Mais sinon, elle risque fort de somnoler ou pire, comme la Belle au bois dormant, de sombrer dans un sommeil profond dont aucun prince ne viendra la tirer.

La Balance, ensuite, n'est pas le signe qui brille par sa persévérance. Elle aura tendance à abandonner plus vite que son ombre et se résoudra facilement à l'échec (qu'elle ne verra pas comme tel) plutôt que de redoubler d'efforts pour atteindre son but.

Enfin, la Balance a tendance à trop rechercher l'approbation des autres. Elle peut adapter son comportement dans le seul but de plaire à la majorité, ce qui la rend superficielle. Elle gagnerait à se préoccuper un peu moins des apparences et des on-dit pour se concentrer plus sur l'essentiel.

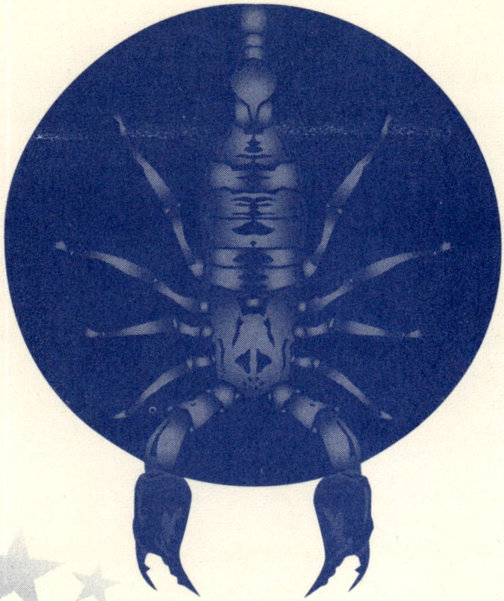

Scorpion

24 octobre – 22 novembre

Sensibilité : féminine
Élément : Eau
Planète : Pluton
Maison : VIII, le cycle de la vie
Signe polaire : Taureau

Symbolique

Il fait peur. Pourtant pas bien grand, on le craint, et son venin mortel peut faire reculer bien plus imposant que lui. Dans l'imaginaire collectif, il incarne la passion, le feu, et est très souvent utilisé en ce sens par le marketing. Dans la mythologie, le Scorpion sauve une déesse en piquant son agresseur. En récompense, on lui offre une constellation. Tour à tour défenseur de la veuve et de l'orphelin ou lui-même agresseur, le Scorpion navigue entre deux eaux (son élément) et peine à trouver le juste milieu.

Son alter ego du zodiaque

Le Cancer

Le Scorpion a tout intérêt à éviter autant que faire se peut les signes de feu, il y aurait de l'incendie dans l'air ! En revanche, en se rapprochant d'un signe comme le Cancer, le Scorpion pourrait trouver une sérénité qui lui manque cruellement. La patience du Cancer pourrait l'aider à se canaliser. Lui, en revanche, colorerait la vie du Cancer parfois un peu tristounette. Ils pourront ainsi s'apporter mutuellement beaucoup, encore faut-il qu'ils se supportent.

Scorpion

Profil astral et caractère

Le Scorpion est très certainement le signe du zodiaque le plus difficile à cerner. Terriblement secret, à la limite du mysticisme parfois, il cultive une apparente froideur en toutes circonstances.

Pourtant, sous la carapace sans chaleur se cache une personnalité bouillante, pour ne pas dire bouillonnante. Et s'il est vrai que son air renfermé n'invite pas à la discussion, quand il se révèle, on découvre un être à l'opposé de la léthargie qu'il montre de prime abord.

Car même s'il ne se l'avouera jamais, le Scorpion est un être totalement dominé par une émotivité très forte. C'est d'ailleurs cette émotivité qu'il cherchera à combattre toute sa vie et qui expliquera les désordres intérieurs dont il est victime.

Ce sensible refoulé qui passera son existence à contrôler l'incontrôlable est pourtant doué pour les sentiments et devrait se laisser aller à vivre ses émotions. Malheureusement, il prend l'émotivité pour de la faiblesse qu'il s'évertuera à cacher et à dominer pour paraître plus fort. S'il arrive à accepter qu'un être soit fait de forces mais aussi de faiblesses sans que cela le conduise à sa perte, il aura fait un grand pas et sortira de ses angoisses.

Complexe, il est aussi torturé et tortueux. À force d'être tiraillé ainsi entre ce qu'il veut et ce qu'il ressent, il peut traverser de grosses crises d'identité pendant son existence. S'il arrive à surmonter ces crises de conscience, il en sortira grandi et apaisé. Sinon, il peut malheureusement sombrer dans les pires dépressions.

Soupçonneux, le Scorpion est d'une grande méfiance et a bien du mal à accorder sa confiance, ce qui ne facilite pas les relations avec les gens, déjà rendues difficiles par la distance qu'il impose entre lui et les autres.

De fait, le Scorpion ne brille pas par sa sociabilité, et s'il n'y prend garde, il peut finir par s'enfermer dans son monde fait de secrets et de suspicions. C'est bien dommage, car le Scorpion a bon fond et il aurait beaucoup à partager s'il voulait bien se donner la peine de ne pas voir tous les autres comme des ennemis en puissance. Certains Scorpion, plus poussés par un côté moins introverti ou accompagnés par des signes ouverts arriveront à surmonter ce que l'on peut presque appeler un handicap social. D'autres en revanche se défendront contre cet ennemi invisible en surenchérissant. Ces Scorpion-là se montreront souvent agressifs, voire belliqueux.

> Le Scorpion amoureux est passionné mais aussi souvent jaloux et protecteur.

S'il est attaqué, le Scorpion se défendra violemment, allant jusqu'au machiavélisme s'il le faut. Car le Scorpion a la rancune tenace, et mieux que personne, il sait que la vengeance est un plat qui se mange froid, voire glacé. Cette ténacité, s'il ne l'utilise pas uniquement pour assouvir de bas instincts de représailles, peut lui être très utile dans l'existence. Car le Scorpion est capable de grands projets s'il ne se laisse pas dévorer par ses craintes.

Brillant et doté d'une belle intelligence ainsi que d'une curiosité positive, il n'a pas son pareil pour mettre en place des stratégies gagnantes. Ajoutez à cela une pugnacité hors pair et une volonté indéfectible qui lui permettent de réaliser de grandes choses. Ce conquérant est d'ailleurs reconnu pour son grand courage, car il n'est pas le genre à avoir froid aux yeux.
Sa nature inquiète l'empêche malheureusement bien souvent de savourer les fruits de ses succès et il ne se laisse jamais aller au repos du guerrier, tant il a peur d'être pris en défaut. Le Scorpion pourrait pourtant se libérer de ses démons de temps en temps, ne serait-ce que pour relâcher un peu la pression.

Scorpion

Le Scorpion en amour

Tout comme il aime les conquêtes dans sa vie sociale, le Scorpion adore les accumuler dans la sphère privée. S'il choisit une proie, elle aura bien du mal à résister tant il est débordant de magnétisme.

Car sous le glaçon couve la braise. Avec le Scorpion, les corps à corps seront intenses, brûlants, dévorants, torrides. Totalement dévoué quand il s'agit d'amour physique, le Scorpion vit sa sentimentalité comme l'ensemble de sa vie : dans l'excès.

Qu'il soit homme ou femme, la passion le dévorera tout entier. Il trouve d'ailleurs dans l'amour physique une façon assez simple d'asseoir son pouvoir, ou au moins de dominer son partenaire. Il se sentira ainsi très à l'aise dans des aventures sans lendemain, basées purement sur le sexe, mais attention, un sexe d'expert, qui doit lui apporter quelque chose de l'ordre de la puissance. Il aimera d'ailleurs être félicité pour ses prouesses sous la couette et n'hésitera pas à en rajouter lui-même au besoin, car il est physiquement sûr de lui et de ses facultés à contenter son ou sa partenaire.

En revanche, quand il s'agit de rentrer plus avant dans le vif du sujet et de partager des sentiments, cela se complique nettement pour le Scorpion.
Sa nature compliquée reprend le dessus et il se pose mille et une questions, auxquelles il n'a généralement pas de réponse d'ailleurs. Car le Scorpion a beau essayer d'afficher un certain détachement, quand il est épris, il est envahi par un flot de sentiments d'une force incroyable.

> Une aventure avec le Scorpion est un moment brûlant et torride, passionnel.

Le Scorpion n'aime pas un peu, le Scorpion aime passionnément, à la folie, sans fin. Si, par malheur, il venait à douter de la réciprocité de ce qu'il ressent, il souffrirait le martyre. Capable de donner à l'être aimé les plus belles preuves d'amour, il aura besoin d'être constamment rassuré lui aussi sur les sentiments de son ou sa partenaire.

Entier et fidèle, il ne supportera aucun écart et sera intransigeant face au moindre faux pas. Il aura tendance à dominer la personne qui partagera sa vie et pourra même se montrer extrêmement exigeant, demandant sans cesse des preuves d'attachement. S'il se sent aimé, il pourra donner le meilleur. Si on le fait souffrir, il sera capable du pire.

S'il n'y prend pas garde et qu'il se laisse trop maîtriser ou reste trop en retrait, son partenaire peut se laisser consumer par ce feu brûlant et sortir épuisé d'une histoire en définitive plutôt destructrice.
Sans être clairement dans le conflit, il pourrait être bon d'observer une certaine résistance face à un Scorpion qui n'en a jamais assez. C'est sans doute la seule façon de l'obliger à se contrôler un minimum et d'imposer le respect. Un cadre qui paradoxalement peut aider le Scorpion à se rassurer et qui lui sera très profitable, même si évidemment il ne s'en rend pas compte et qu'il ne l'accepte pas.

Reste que ce signe porte en lui comme une croix la jalousie et la possessivité, deux défauts que l'on retrouve toujours chez ceux qui ont un déficit de confiance en soi. Dans ses pires moments, le Scorpion peut même aller jusqu'à faire vivre l'enfer à la personne qu'il chérit pourtant plus que tout.

Si le couple trouve un équilibre dans ce fonctionnement, et que le Scorpion modère ses excès, ils pourront apparaître unis et durer le temps que la passion durera.
En famille, le Scorpion sera éminemment protecteur avec les siens et pourra être capable des pires actions de violence si quelqu'un s'avisait à toucher un cheveu de ses enfants.

Scorpion

Pour lui plaire

Pas d'histoire tiède, c'est de la passion à l'état brut qu'il propose. C'est de la passion à l'état brut dont vous disposerez. Avec le Scorpion, il ne faut pas s'attendre à de la demi-mesure.

Au moins, on sait où on met les pieds avec lui. Si vous voulez une petite vie bien rangée avec un compagnon ou une compagne simple à suivre et sans complications, vous vous êtes trompé d'animal. Avec lui, il faut aimer le grandiose, l'excès, la démesure… et plus encore.

Attention, entre l'amour et la haine, il n'y a parfois qu'un pas. Pour vivre une histoire avec monsieur ou madame Scorpion, il faut avoir les reins solides… et des armes au moins aussi affûtées que les siennes. Car le Scorpion peut dévorer, laminer, vider une personnalité trop fragile. D'ailleurs, qui d'autre qu'un autre Scorpion pourrait le suivre avec une telle intensité ? À méditer par les romantiques et les cœurs d'artichauts avant de se jeter dans l'arène.

Le Scorpion en amitié

Se faire des amis ne sera certes pas la préoccupation majeure du Scorpion. Cet individualiste convaincu se sent parfaitement bien tout seul et n'a nullement besoin de compagnie pour exister. Pire encore, il ne voudrait surtout pas que d'éventuels amis se permettent de lui faire des remarques sur ses actions. Il n'est pas signe à se laisser dicter sa conduite, et la critique de toute façon n'a absolument aucun effet sur lui, tant il est tout le temps persuadé d'être dans le vrai, et ne changera pas sa façon de faire.

Peu enclin à l'empathie, le Scorpion est finalement très occupé à veiller sur une

> Très indépendant, le Scorpion n'a pas besoin d'être entouré d'une foule d'amis pour se sentir bien.

seule et même personne : lui-même. Ça tombe plutôt bien, il met une telle énergie à paraître inaccessible que presque personne n'osera franchir le fossé qui le sépare lui du reste du monde. D'autant plus qu'il fascine, impressionne, dérange.
Le Scorpion est réellement un être à part, une sorte de mystère ambulant, qui véhicule tout à la fois une attirance et une répulsion hors norme.
Souvent, pourtant, derrière cette théâtralité bien maîtrisée se cache une personnalité complexe, certes, mais de grand intérêt pour qui entrera dans son cercle d'initiés.

Le Scorpion ne sera pas un ami facile à suivre, c'est vrai, et il ne faudra pas se montrer trop susceptible quand il envoie de petites piques bien senties, mais sa droiture et sa force en feront aussi un compagnon de route appréciable. Tout comme en amour, il aura tendance à être un peu excessif dans ses amitiés, à demander beaucoup (et à donner autant), mais il aimera intensément ses amis et ne les oubliera jamais. Indépendant, il ne s'imposera jamais et cultivera plutôt une relation qualitative, basée sur le respect mutuel.

Attention, il est clair que le Scorpion, qui ne fait pas dans la demi-mesure, ne donnera pas sa confiance au premier venu. Au premier coup d'œil il aimera ou détestera, et il ne sera pas évident de lui faire dépasser cette première impression. Mais une fois sa confiance accordée, il ne reviendra pas dessus. En revanche, gare à celui ou celle qui s'aviserait de trahir cette confiance. Le Scorpion en serait profondément meurtri et réagirait avec une violence toute personnelle. Son courroux pourrait ressembler au tonnerre ! Et ce rancunier notoire pourrait poursuivre son nouvel ennemi jusqu'à la fin de ses jours.

Scorpion

Vie sociale et travail

Le travail c'est la santé, à ce qu'il paraît ! Chez le Scorpion, c'est bien plus encore, c'est une raison supplémentaire de vivre. Il vit pour ses actions et ses actions le font vivre.
Rien ne l'attire plus que les projets d'envergure. Déplacer des montagnes ? Aucun problème. Et plus elles seront hautes, mieux il se portera. Ce bourreau de travail est capable de tout bousculer sur son passage pour arriver à son but.

D'une intelligence remarquable et d'une volonté sans faille, il ne s'arrêtera pas tant qu'il n'aura pas réussi. Une fois décidé, il mettra tout en œuvre pour parvenir à ses fins, s'il le faut contre vents et marées et avec une certaine agressivité. Peu de choses pourraient l'arrêter.
D'autant que là où d'autres se fatigueraient, lui sera toujours vaillant, porté par une formidable endurance aussi bien physique que mentale.

Autant le savoir, il ne sera pas facile à contrer, et mieux vaut l'avoir de son côté ou dans son équipe, que de devoir lui faire face. Agissant facilement de façon personnelle et individuelle, le Scorpion n'aura besoin de personne pour monter son affaire ou se lancer dans de nouvelles activités. Il préférera d'ailleurs agir en toute indépendance plutôt que de devoir composer avec un éventuel associé. Comme de toute façon il n'est pas du genre à modifier ses plans même si des conseilleurs avisés lui suggèrent, autant donc le laisser mener sa barque comme il l'entend.

En affaire, il sera redoutable et pour parvenir à ses fins il peut se montrer diabolique tant il sait trouver les failles chez ses adversaires. Sa seule présence impose le respect dans le monde des affaires où on le tient en grande estime. Il avance toujours avec certitude, sans excitation inutile, et perçoit très nettement ses chan-

ces de réussite avant même de démarrer. Cela lui permet d'anticiper et d'avancer ses pions tranquillement.
Le pouvoir l'attire de façon irrépressible et il peut y consacrer sa vie s'il pense avoir une chance de décrocher la timbale. Il pourra ainsi se lancer dans de grandes conquêtes et vivre une destinée hors du commun, à l'image du général de Gaulle.

[Le Scorpion est capable des plus grandes conquêtes, servi par une volonté infaillible.]

Ce dominateur né n'est en revanche plus du tout à l'aise dans un rôle de subalterne. S'il ne parvient pas à sortir des sentiers battus, le Scorpion aura un mal fou à faire cohabiter sa nature complexe avec les règles et la rigueur du monde du travail.
Généralement persuadé de tout savoir et largement réfractaire à toute critique, il aura bien du mal à composer avec une hiérarchie. Que l'on vienne remettre en question son travail ? Inimaginable pour lui. Du coup, il s'expose à des déconvenues certaines qui le plongeront dans un état de stress qu'il évacuera en explosant ou en manigançant pour évincer le supposé responsable des critiques.
Quelle que soit sa position dans l'entreprise, on lui reconnaîtra sa grande force de travail et on saluera ses initiatives généralement heureuses. Si on lui confie un poste à responsabilité, on appréciera sa poigne. Il sera exigeant avec son équipe mais sera capable de toujours plus que ses collaborateurs, ce qui incitera naturellement au respect. Il peut être moteur car ce charismatique personnage dégage une force et un mystère qui donneront envie de le suivre.

Il sera en revanche intransigeant avec qui ne fournira pas assez de cœur à l'ouvrage. Il faudra aussi clairement lui montrer qu'on lui doit le respect et il pourrait sous ses mauvais jours se montrer tyrannique avec les plus faibles.
Il déteste la lenteur et l'inaction et pourra être blessant avec celles et ceux qui ne suivraient pas son rythme. Il sera un chef craint mais adulé à la fois. Bref, toute la complexité du Scorpion encore une fois.

Scorpion

Domaines de prédilection

Le Scorpion qui n'a pas froid aux yeux pourra mener une carrière fulgurante dans des domaines à hauts risques. Pilote de rallye ou de Formule 1, pourquoi pas. Dans la même idée, il aura des dispositions pour des sports ou l'endurance et la volonté font la différence. Mais attention, pas de sport d'équipe pour lui, il écraserait les pieds de ses coéquipiers. Le marathon, la navigation en solitaire ou le tennis pourraient en revanche être des disciplines de grande réussite pour lui.

Son instinct de conquête pourrait le pousser à intégrer l'armée. Mais là encore, attention, pas question pour lui de rester simple soldat. Un poste d'officier lui conviendra beaucoup mieux et il pourra se libérer de ses pulsions intérieures, tout en mettant à profit ses grandes capacités analytiques.
La police judiciaire, enfin, pourrait être une option fort intéressante pour le Scorpion. Ses capacités indéniables à démêler le vrai du faux et ses dons pour mener des enquêtes dans le détail pourront y être exploités.

Qualités

Curieux de tout, le Scorpion a sans le vouloir véritablement une ouverture sur le monde qui lui donne une certaine épaisseur. Même s'il ne cherche pas réellement à apprendre pour apprendre, c'est un intellectuel, jouissant d'un bon bagage culturel et doublé, qui plus est, d'un physique robuste. Il peut ainsi jouer sur plusieurs tableaux.

Indépendant, le Scorpion pourra toujours avancer seul, sans l'aide de quiconque. Il n'est pas du genre à pleurnicher sur son sort. Cette indépendance, aussi bien sur le plan personnel que professionnel, lui permet de conserver un rythme intense, ce qu'il ne pourrait faire s'il devait se préoccuper des autres.

Rapide et efficace dans la vie, le Scorpion possède ce dynamisme réel qui lui permet de produire tout en gardant un calme apparent et une maîtrise totale de la situation.

Défauts

Fermé, voire renfermé, le Scorpion vit parfois dans son monde, un monde à part et complètement hermétique. Un monde fait de doutes et d'angoisses, de suspicions et de plans. S'il ne parvient pas à sortir de cet enfermement et surtout de ce monde plongé dans les ténèbres, il pourra devenir complètement associable ou pire développer des pathologies de l'ordre de la psychiatrie.

Têtu ou même souvent borné, le Scorpion est complètement fermé aux conseils d'autrui. Il suivra la ligne qu'il s'est fixée quoi qu'il lui en coûte. Et s'il s'aperçoit bien longtemps après qu'il a fait fausse route, il régira avec la plus grande mauvaise foi et adaptera ses actions en se persuadant qu'il est le seul à décider. Et si quelqu'un ose un : « *Tu vois, on t'avait prévenu !* », il lui sera retourné une réplique cinglante. Le Scorpion décide, le Scorpion sait, le Scorpion ne se trompe jamais, il ne faudrait pas l'oublier.

Autoritaire, il éprouve un plaisir certain à commander tous ceux qui l'entourent. Autant cela ne posera pas de problème dans son milieu professionnel, s'il a une position de décideur bien sûr, autant dans le cercle familial et relationnel, cela peut vite devenir pénible. Ceux qui le remettront en place doivent s'attendre à le voir ruminer pendant des jours sa rancœur, mais il sera calmé.

Son goût du secret et des choses du mystique peut être tellement poussé à l'extrême qu'il peut tomber dans l'occultisme primaire. Attention dans des périodes de plus grande fragilité, comme l'adolescence par exemple, son attirance pour l'au-delà pourrait devenir malsaine.

Sagittaire

23 novembre – 21 décembre

Sensibilité : masculine
Élément : Feu
Planète : Jupiter
Maison : IX, la spiritualité et le voyage
Signe polaire : Gémeaux

Symbolique

Le Sagittaire est représenté par un centaure, une figure mi-homme mi-animal composée d'un corps de cheval et d'une tête d'homme. Doté d'un arc bandé, il est prêt à envoyer une flèche le plus haut possible dans le ciel. La symbolique du Sagittaire est finalement assez simple, c'est le couple homme/animal, avec une dualité ou une complémentarité entre les deux. Selon qu'il sera plus homme ou plus animal, le Sagittaire sera plus dans la fougue physique ou plus dans la raison et la rationalité. Dans tous les cas, le Sagittaire résulte forcément de cette alchimie, de cette balance qui ne peut que lui apporter une personnalité pleine de nuances et riche de relief.

Son alter ego du zodiaque

Le Bélier

Ces deux fonceurs pourront faire de grandes choses ensemble, c'est certain. Portés tous les deux par la même fougue, le courage du Bélier associé à la chance du Sagittaire leur ouvrira toutes les portes. S'ils se lancent dans les affaires, ils oseront tout et pourront faire fureur : reconnaissance sociale, reconnaissance financière… ils pourront monter toutes les marches vers le succès. En revanche, pas sûr qu'ils ne se fassent pas mutuellement de l'ombre, ou que l'un ne jalouse pas secrètement l'autre. Entre ces deux-là, ce sera donc tout ou rien.

Sagittaire

Profil astral et caractère

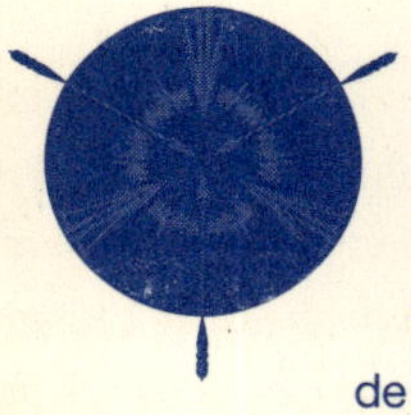

Ce que l'on remarque immédiatement lorsque l'on rencontre un Sagittaire, c'est son regard franc et direct. Avec lui, pas de doute, on sait immédiatement à quoi s'attendre. Pas de faux-semblants ou d'hypocrisie, il attache une telle importance à la sincérité, que c'est chez lui un mode de fonctionnement.

La vérité, rien que la vérité, toute la vérité. Le Sagittaire ne déviera jamais, sauf exception, de cette ligne de conduite. Une qualité certainement, mais tout le monde n'ayant pas cette vision des choses, sa franchise pourra être parfois mal comprise. Tout le monde n'est pas prêt à entendre ses quatre vérités, et certains peuvent vivre cela comme une agression. D'ailleurs, on ne se privera pas, souvent, de lui rappeler de balayer devant sa porte. Car lui pourra se permettre à l'occasion quelques largesses avec ses propres vérités ! Un comble pour un signe qui prône à ce point-là la sincérité.

Paradoxalement, le Sagittaire pourra être malheureux si sa démarche ou ses propos blessent, car il n'agit jamais dans ce sens. Il est honnête mais jamais méchant.
Aventurier dans l'âme, le Sagittaire veillera à remplir sa vie de mille et un imprévus, car rien ne le dérange plus que la monotonie. En revanche, ce n'est pas un grand téméraire et ses aventures seront toujours mesurées dans la prise de risques, pas question ainsi de se mettre en danger.

Il est pourtant généralement assez athlétique (même s'il a tendance à s'empâter avec l'âge), souvent sportif, et pourrait jouir d'une bonne forme physique propice à des défis fous. Mais le dépassement de soi, ou l'excès, très peu pour lui. Il préférera de loin se limiter à des aventures dans lesquelles sa vie n'est pas mise en jeu !

Reste que le Sagittaire est un audacieux. Et comme il ne manque pas de pana-

Franc et direct, le Sagittaire n'y va pas par quatre chemins quand il a quelque chose à dire.

che et qu'il est né sous une bonne étoile, cela lui réussit plutôt bien.

Sa nature optimiste et la vision très idéalisée qu'il a de la vie en général et de la sienne en particulier font qu'il ose énormément, toujours persuadé, même s'il provoque un peu le destin, de retomber sur ces quatre sabots. De fait, plutôt protégé par une chance qui peut paraître insolente pour d'autres moins bien servis sur ce plan, il obtient généralement beaucoup de réussite dans ce qu'il fait. Il est de ceux pour qui tout tombe toujours bien, au bon moment.

À ses détracteurs, il répondra, à raison, que qui ne tente rien n'a rien. Son audace est récompensée parce qu'elle a le mérite d'exister. Son arc est d'ailleurs tendu et prêt à décocher une flèche en direction de la Lune, ce n'est pas anodin : s'il le peut, le Sagittaire ira décrocher la Lune !

Fougueux tel le cheval qui le porte, le Sagittaire ne pourra jamais être critiqué pour son immobilisme. Ce signe est empreint d'un dynamisme étonnant et se situe souvent dans l'action.

Pour autant, le Sagittaire n'est pas du genre tout-fou, à agir sans réfléchir ou à partir dans tous les sens. Au contraire, c'est quelqu'un de plutôt raisonné et doté d'une grande sagesse. Et même quand il se situe dans l'action, il est du genre à tirer des plans sur la comète et à voir loin. Ce visionnaire est d'ailleurs généralement bien inspiré, et ce qu'il espère sur le long terme a toutes les chances de se réaliser.

Le Sagittaire a une grande philosophie de la vie. Il utilise d'ailleurs régulièrement cette caractéristique dans ses relations avec les autres. Il sait tempérer et rapprocher ceux qui ont du mal à se comprendre, tout comme il sait transmettre sa vision positive de la vie et des choses qui l'entourent.

Certains Sagittaire auront même une attirance réelle pour la spiritualité. Ceux-là pourront s'investir pleinement dans la religion ou l'histoire des religions, par exemple.

Le Sagittaire en amour

Le Sagittaire est un hédoniste. Lui qui aime tant la vie ne peut qu'aimer l'amour, car que vaudrait la vie sans amour ? Il aime l'amour sous toutes ses formes. L'amour profond, l'amour tendre, l'amour passionné mais aussi l'amour léger. Comme il n'aura aucune difficulté à trouver quelqu'un avec qui partager ses différentes conceptions, il vivra des aventures amoureuses très riches tout au long de sa vie… et y trouvera à chaque fois un plaisir différent mais une satisfaction réelle. Une simple aventure physique ou une passion brûlante ? Le Sagittaire y trouvera toujours son compte. D'autant qu'il pourra aller de l'une à l'autre sans problème et aussi souvent que la vie le lui permettra. Car le Sagittaire, un rien volage, suivra les élans de son cœur (ou de son corps) sans aucune mauvaise pensée ni aucun scrupule. Où serait donc le mal à prendre du plaisir ? Gageons que son ou ses partenaires ne partageront pas nécessairement cette légèreté.

> Sa nature optimiste rend le Sagittaire particulièrement agréable à vivre.

Le faire changer ? Impossible. D'autant qu'il recevra plus souvent des avances qu'à son tour. Car le Sagittaire est un séducteur, mais un séducteur malgré lui.

Vif, actif, un rien insolent, mais toujours bien mis, c'est quelqu'un que l'on remarque où qu'il soit et qui a beaucoup de succès. Il plaît sans avoir à faire beaucoup d'efforts. Il le sait pertinemment et adore d'ailleurs être courtisé.

Si cela l'arrange, il n'hésitera pas à jouer les ingénues, à cultiver au maximum son côté naïf, voire à prétendre prendre des vessies pour des lanternes, pour mieux faire passer ses faux pas. Mais on lui pardonnera souvent tellement il est charmant.

Quand il est épris, le Sagittaire met autant d'énergie et de vivacité dans son histoire d'amour qu'il peut le faire sur d'autres plans. Lui qui déteste la routine et la monotonie mettra un point d'honneur à alimenter son couple en gestes tendres ou jeux amoureux. Il peut même aller jusqu'à faire tourner son ou sa partenaire légèrement en bourrique, juste pour vérifier la profondeur de ses sentiments. Mais toujours avec beaucoup d'humour et sur le mode taquin. Car le Sagittaire, même profondément amoureux, n'est pas un passionné torturé. Serein, il croit toujours dans ses histoires d'amour et cherche avant tout l'harmonie.

Dans le foyer, la vie avec le Sagittaire est douce, ponctuée de petits bonheurs simples et de bonnes surprises.

Un signe qui a de bonnes dispositions pour le bonheur, indiscutablement.

Pour lui plaire

Malheureux, pessimistes et déprimés, ne perdez pas votre temps avec un Sagittaire, c'est inutile. Ce qui lui plaît à lui, ce sont les personnalités enjouées et fraîches comme lui. Il apprécie aussi la délicatesse et la finesse aussi bien dans le physique que dans l'esprit. Il sera attiré par les élégants et les gens qui ont une ascension sociale réussie.

Sa nature simple s'accommodera très mal avec les esprits compliqués ou les torturés qui versent dans la jalousie. Le Sagittaire a besoin de liberté, il conviendra de ne pas l'oublier si l'on veut faire un bout de chemin avec lui.

Sagittaire

Romantique, il aimera les personnalités fleur bleue qui lui proposeront mille et une attentions. Car il aime être choyé, chouchouté et, si possible, être au centre de toutes les attentions.

Le Sagittaire en amitié

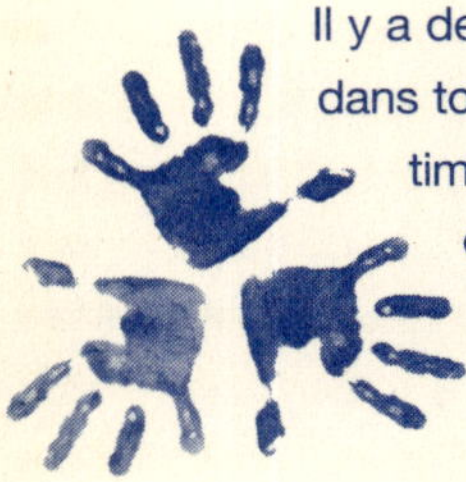

Il y a des personnes comme cela qui sont naturellement à l'aise dans toutes les situations, dans tous les milieux. À l'opposé des timides et des renfermés pour lesquels chaque pas vers l'autre et l'inconnu représente un effort énorme, les Sagittaire ont cette facilité relationnelle déconcertante. Ils sont comme des poissons dans l'eau partout et avec tout le monde.

Pas étonnant dans ces conditions que le Sagittaire ait une côte de popularité qui flirte avec les sommets. Souvent, il irradie et quand il entre dans une pièce, on a instinctivement envie d'aller vers lui… sans forcément le connaître, d'ailleurs.

Original, débordant d'humour et jamais le dernier à faire le pitre, le Sagittaire réalise la performance d'être à la fois le marrant du groupe sans être le clown de service. Car son exubérance fait de lui un élément indispensable pour une fête haute en couleur. Lui qui adore s'exposer ne sera jamais le dernier à enflammer les pistes de danse ou à créer l'animation dans une soirée. Mais vous pouvez compter sur lui pour rester malgré ça égal à lui-même et pour garder une certaine tenue.

En groupe, on apprécie sa jeunesse d'esprit et sa légèreté, alors que son esprit fin fait mouche dans un cercle plus restreint.
En revanche, le Sagittaire est du genre sélectif. Il a une certaine estime de lui-même et ne se rapproche pas de tout le monde.

Il aime ce qui brille et court après le prestige. Il sera donc attiré par des gens qui ont réussi, ce qui lui vaudra souvent d'être perçu comme quelqu'un de superficiel. Néanmoins, il évoluera sans aucune difficulté dans les milieux sociaux les plus aisés, même s'il est issu d'un milieu modeste.

> La joie de vivre du Sagittaire est communicative et l'on recherche souvent sa compagnie.

Avec ses amis proches, le Sagittaire est un être généreux et direct. Ses amis apprécient son éternelle bonne humeur et peuvent compter sur sa franchise. Souvent un peu direct, c'est vrai, il sait aussi ménager ceux qu'il aime et n'hésitera pas à aider un ami dans le besoin.

Attention, en revanche, aux retours de bâton s'il est déçu. Lui qui suit ses impulsions et fait les choses sans calcul et sans arrière-pensées réagirait très mal s'il devait réaliser qu'il a été abusé. Les manigances et les coups bas le laissent perplexes tant il est mal équipé pour y répondre. Du coup, s'ils viennent d'une personne proche et même s'il n'est pas directement visé, il n'aura pas d'autre choix que de couper les ponts pour se préserver. Il accorde rapidement et facilement sa confiance, mais peut la reprendre avec la même rapidité.

Ce grand cœur qui aime aider et sauver le monde ne sera jamais le dernier à entraîner ses amis dans de grandes actions caritatives ou sociales, car son enthousiasme est communicatif et ses arguments toujours justes. Pas toujours sûr en revanche que ses grands discours soient suivis de projets aboutis car son exaltation le place parfois un peu loin de la réalité et il manque alors souvent d'efficacité.

Vie sociale et travail

Le Sagittaire est taillé pour la réussite. S'il ne parvient pas aux objectifs qu'il s'est fixés, il finira frustré et insatisfait.
Pour parvenir aux sommets, il est prêt à faire d'ailleurs pas mal de concessions et, à choisir, à mettre un peu de côté sa vie privée si elle l'empêche de gravir les échelons.

Sagittaire

Car au-delà de l'épanouissement professionnel, le Sagittaire a grand besoin de reconnaissance et est très attiré par l'argent : deux raisons supplémentaires pour s'investir corps et âme dans le travail. Opportuniste et ambitieux, il saura se placer dans l'entreprise et se mettre en avant au bon moment et devant les bonnes personnes. À lui, les postes en vue et les stratégies gagnantes, il laissera aux autres le soin du dur labeur et des tâches ingrates.

Il faut dire qu'il a tout ce qu'il faut pour faire carrière : il est compétent, intelligent et carriériste. Son côté petit bourgeois le pousse aussi dans la voie du long terme car il cherche très tôt à s'installer dans le confort. Cerise sur le gâteau, rien ne le motive plus que les défis, les challenges, les compétitions.

Sérieux et travailleur, il saura s'investir suffisamment pour remplir ses objectifs mais choisira avec soin la manière pour y parvenir. Car le Sagittaire n'est pas du genre à se laisser dicter sa conduite… il entend agir selon ses propres méthodes, même s'il respecte l'ordre établi. Si on ne lui laisse pas un minimum de champ d'action ni de liberté, il étouffera et ne sera plus efficace. Sa hiérarchie éventuelle aura tout intérêt à prendre le soin de comprendre le fonctionnement du Sagittaire et à tirer parti de ses compétences sans le bloquer en lui donnant l'impression, par exemple, qu'il n'est sous les ordres de personne.

Son esprit ouvert et sa soif d'apprendre font de lui le candidat idéal de la nouveauté. Le Sagittaire adore élargir son horizon et il est opérationnel rapidement, y compris dans un environnement inconnu. Il pourra même faire des découvertes étonnantes ou enrichir un

[Doté d'une belle ambition, le Sagittaire fera tout ce qu'il faut pour ne pas rester sur le bord du chemin.]

domaine d'activité par des découvertes personnelles, certains Sagittaire s'épanouiront ainsi dans la recherche.

Nouvelles fonctions, formations innovantes ou même nouveaux projets, le Sagittaire est non seulement très à l'aise avec le changement mais il le revendique. Il saura plonger tête baissée dans un projet motivant et pourra apporter beaucoup, tant en créativité qu'en praticité.

En revanche, il saura être une impulsion et pourra être d'une efficacité remarquable pour asseoir les grandes lignes, autant il ne faut pas s'attendre à ce qu'il rentre dans les détails. Pour lui, tout cela est bien accessoire. Du coup, on pourra lui reprocher, à raison, de ne pas suffisamment soigner son travail. Il serait bien inspiré, souvent, d'aller plus au fond des choses s'il veut avoir l'ascension qu'il mérite.
Le Sagittaire fuira les domaines d'activités qu'il considérera comme trop rationnels. Pas spécialement à l'aise avec les chiffres notamment et manquant souvent de rigueur, il ne sera pas attiré par la gestion ou la comptabilité, par exemple. Les domaines d'activité qui mobilisent l'imagination et qui demandent de l'inventivité sont bien plus adaptés à son profil.

Le Sagittaire aime le contact. Il s'épanouira entouré d'autres et sera un partenaire envié dans une équipe. Il créera une émulsion de groupe positive et toutes les tâches qui demandent un travail en commun seront valorisées par la présence d'un Sagittaire, dont la gaieté et le dynamisme seront de vrais moteurs. Il ne restera d'ailleurs jamais très longtemps dans un poste où il devrait rester isolé, enfermé dans un bureau.

S'il se lance seul, dans les affaires ou le commerce, le Sagittaire aura des facilités déconcertantes à faire tomber les obstacles et à intégrer des domaines où il n'avait pas forcément les clés pour y entrer. Sa distinction et sa prestance lui serviront de sésame pour intégrer des milieux réservés aux initiés et son culot doublé d'une bonne dose d'audace fera souvent des miracles. Attention, en revanche, à ne pas se laisser griser par le succès. À trop

Sagittaire

croire en sa bonne étoile, il peut finir par prendre des risques démesurés. S'il touche à la finance, par exemple, il peut jouer et perdre des sommes colossales.

Domaines de prédilection

Ses bonnes dispositions physiques pourront le mener sur le chemin du sport de haut niveau dans la première partie de sa vie. Il recherchera ensuite des activités qui lui apportent une satisfaction égale tant sur le plan physique que sur le plan intellectuel. Il peut être très attiré par l'archéologie ou l'ethnologie, des domaines qui intègrent les voyages et la connaissance.

L'armée peut aussi le séduire, mais dans des postes d'arrière-plan. Mettre sa vie en jeu dans des combats ? Ce n'est pas vraiment son style.

Son côté baroudeur fera de lui un excellent rédacteur de guides touristiques et il pourra aussi satisfaire son besoin de bouger tout le temps en intégrant un poste dans le domaine du voyage. Sa bonne humeur et son goût du spectacle pourront le conduire à l'animation. Dans des clubs de vacances, à l'étranger, pour combler ses besoins d'évasion.

Qualités

Loyal, le Sagittaire n'abandonnera jamais des proches dans le besoin, d'autant qu'il se sera avancé à les aider. Il sait aussi se souvenir des services rendus et n'hésitera pas à partager ses succès avec ceux qui auront participé ou aidé à leur réalisation.

Ce chanceux, souvent aidé par sa bonne étoile, ne se contente pas de manger tout cru ce qui lui tombe dans le bec. Partant du principe que la chance se provoque, il n'hésite jamais à tenter le coup... et cela lui réussit souvent.

Son assurance, enfin, est un outil formidable pour mener à bien ses aventures variées et diverses. Il croit en lui, il croit en ce qu'il fait... ce qui pousse généralement les autres à croire en lui aussi.

Cet optimiste, généralement porté pas une bonne dose de bonne humeur, est une personnalité fraîche et gaie dont on prend toujours plaisir à croiser le chemin. Il sait facilement rire de tout, sans jamais tomber dans le mauvais goût ou la vulgarité. Un véritable concentré de bien-être dans un monde souvent un peu trop gris.

Défauts

Un rien idéaliste, le Sagittaire pourra être ramené parfois un peu durement sur terre. Le monde n'est pas toujours aussi rose qu'il y paraît, et ses projets peuvent finalement être moins faciles à réaliser qu'il ne le pensait au départ. Avoir la tête dans les étoiles, c'est bien, mais cela peut aveugler par moments.

L'assurance du Sagittaire peut, si elle est poussée trop loin, devenir de la suffisance, surtout s'il a avancé dans la vie sans rencontrer de difficulté majeure. Le Sagittaire pourrait être bien inspiré parfois à faire preuve d'un peu plus d'humilité, ne serait-ce que pour se mettre au niveau des gens qui le rencontrent. Car malgré toutes ses qualités, il pourrait devenir une personne arrogante que l'on fuira à toutes jambes.

Capricorne

22 décembre – 20 janvier

Sensibilité : masculine
Élément : Terre
Planète : Saturne
Maison : X, l'autorité et la morale
Signe polaire : Cancer

Symbolique

Avec son corps de chèvre et sa queue de poisson, le Capricorne est immédiatement un signe qui pose question. Serait-il du genre à naviguer entre deux eaux ? En fait, c'est plutôt le contraire et il répond en réalité à la représentation d'un animal qui grimpe jusqu'au sommet de la montagne. La queue peut être considérée comme un outil supplémentaire pour grimper plus vite. Gouverné par Saturne, la planète de la persévérance et de la concentration, le Capricorne a dans la mythologie une dimension céleste. C'est un signe féminin, très ancré dans la réalité des choses, puisque son élément, la terre, lui donne une solidité et un réalisme certain.

Son alter ego du zodiaque

Le Cancer

Deux signes plutôt réservés et introvertis mais qui pourront beaucoup s'apporter mutuellement. Le manque d'initiative du Cancer pourra être compensé par l'extrême volontarisme du Capricorne. De son côté, le Capricorne pourra puiser dans l'imagination fertile du Cancer pour oublier un peu sa rationalité un peu triste. Davantage de rêverie également ne nuirait pas au Capricorne, alors que le Cancer gagnera en stabilité au contact du Capricorne. Un duo un peu improbable peut-être, mais qui en définitive pourrait s'avérer riche de satisfactions.

Capricorne

Profil astral et caractère

Le Capricorne, ce signe du plein hiver, porte en lui des caractéristiques indéniables de sa saison de naissance. Plutôt introverti, loin de toute exubérance, il ne se distingue pas par un grand goût pour la fantaisie.

Car le Capricorne est globalement quelqu'un de sérieux et de posé. Non pas qu'il fuie toutes formes d'amusement, mais disons qu'il possède un sens des responsabilités et du devoir assez élevé. Du coup, le Capricorne a tendance à voir la vie comme un laborieux cheminement, une succession d'efforts suivis et obligatoires. Dans ces conditions, la rigolade n'a pas vraiment sa place, on le comprend aisément. S'il s'amuse, ce sera toujours dans la limite du raisonnable, et le Capricorne aura bien du mal à se laisser totalement aller.

Le Capricorne se situe essentiellement dans la réflexion. Il réfléchit beaucoup et met en place un système de pensée après avoir longuement pesé le pour et le contre. Ses idées étant ainsi le résultat d'un travail intellectuellement poussé avec moult recherches d'avis et d'opinions contradictoires, il estime, une fois son avis clairement posé, qu'il n'y a plus à revenir dessus. Ainsi, s'il est amené à converser sur un sujet qu'il maîtrise ou sur lequel il possède un avis tranché, il pourra longuement écouter ses interlocuteurs, donner le change au besoin, mais rien ne le fera dévier de sa position initiale.

De fait, il apparaîtra souvent un peu obstiné voire complètement borné. Pourtant, le Capricorne n'aura ses positions tranchées que sur des sujets qu'il maîtrise bien et parce qu'il leur aura accordé un long temps de réflexion. Pour le reste, il pourra se montrer plus ouvert, même si la largesse d'esprit n'est pas le trait de caractère le plus évident chez le Capricorne.

La vision un peu laborieuse de la vie peut être accentuée chez certains Capricorne par un pessimisme assez récurrent. Le Capricorne n'est jamais le dernier à trouver que la vie est finalement bien difficile et ingrate, que les embûches sont sur tous les chemins, à tous les coins de rue. Bizarrement, ce n'est pourtant pas le genre de personnalité à se retrouver dans les situations les plus délicates ou les plus pénibles tant il aura à cœur de se préserver de tout désagrément. Ce prévoyant est en effet du genre à établir des plans dans le détail et à ne pas laisser beaucoup de place au hasard dans sa vie professionnelle ou privée. Organisé, le Capricorne ne se laissera pas prendre en défaut, que ce soit par manque de préparation ou par manque de temps ; et même s'il doit réagir à une situation donnée dans l'urgence, il prendra toujours le temps de poser clairement les tenants et les aboutissants avant de prendre une décision ou de se lancer.

[Le Capricorne n'est pas expansif, il reste souvent sur sa réserve même s'il est amoureux.]

D'une nature flegmatique et cultivant une lenteur certaine, il n'est jamais dans la précipitation, un état qu'il ne comprend pas et qu'il ne maîtrise pas nécessairement. Il ne sera donc jamais le mieux placé, lui qui a besoin de temps, pour répondre du tac au tac à un problème. Dans le même ordre d'idée, le Capricorne n'aura pas un sens très poussé de la repartie, et il pourra se sentir dépourvu face à une personnalité bien en verve, avec un sens de la réplique bien huilé.

Pourtant, cet intègre et persévérant personnage garde dans sa manche bien d'autres qualités pour s'imposer et avancer dans la vie. Son sérieux le servira toujours beaucoup plus qu'il ne le desservira, et son sens du devoir lui donnera souvent l'impulsion de l'action, même s'il n'est pas complètement sûr de son fait. Contrairement à d'autres, il ira donc plutôt toujours de l'avant, en se servant intelligemment du passé et en savourant le présent, notamment s'il est ponctué de petites réussites.

Fier et orgueilleux, sa droiture physique et psychologique fait par ailleurs de lui une personne de confiance qui impose un certain respect. Et même s'il n'est pas volubile, le Capricorne sait aussi sortir s'il le faut de sa réserve notamment dans la sphère privée.

Le Capricorne en amour

Vu de l'extérieur, le Capricorne est un signe qui semble plutôt sage quand il s'agit d'histoires de cœur. Cette apparence un peu froide et nonchalante pour l'amour se vérifie assez souvent. Il est vrai qu'il ne porte pas en lui la passion d'un Scorpion ou d'un Lion.

Et il préférera toujours une histoire qui s'inscrit dans la durée plutôt que la fougue d'une passion éphémère. Car le Capricorne a besoin avant tout de sécurité sentimentale. L'exaltation d'une aventure brûlante, les « je t'aime, moi non plus », les ruptures suivies de réconciliation torrides... ce sont autant de scénarios qui, pour le Capricorne, collent certainement très bien à la vision romanesque que peut avoir le cinéma de l'amour, mais beaucoup moins au réalisme d'une vie bien rangée dont il fait preuve, lui, au quotidien.

> [Une personnalité un peu froide et souvent perçue comme hautaine mais d'une grande loyauté.]

Cela veut-il dire que le Capricorne fera nécessairement un mariage de raison ? Pas forcément. Le Capricorne, comme n'importe quel autre signe, est capable de sentiments et de tomber amoureux, fort heureusement. Seulement, la raison l'emportera souvent sur la passion, dans la façon de vivre l'amour au quotidien. Car le Capricorne reste une personne réservée et sous contrôle qui aura toujours tendance à niveler ce qu'elle ressent plutôt qu'à l'exposer, y compris à son partenaire. Il ne faut donc pas trop s'attendre à de grandes effusions ni à des déclarations ardentes et enflammées, mais plutôt à des marques d'affection et des gestes tendres au quotidien, car vous l'aurez compris, le Capricorne aura à cœur d'entretenir son amour… sur la durée. Dans la séduction aussi, le Capricorne sait se montrer patient. Déjà, il n'est pas du genre à tomber amoureux en un clin d'œil. Il lui faut, là aussi, du temps, pour se persuader qu'il pourrait s'agir de l'élu(e) de son cœur. Car l'aventure sans lendemain, ce n'est pas vraiment la tasse de thé de notre Capricorne, nettement plus intéressé par la construction d'un foyer.

Une fois qu'il sera convaincu qu'il a en face de lui (d'elle) la potentielle femme de sa vie ou le mari idéal, le Capricorne se lancera dans une séduction discrète mais soutenue. Pas habitué à mettre la charrue avant les bœufs, il attendra d'être sûr de ses sentiments et des sentiments de son ou sa partenaire avant de s'installer. Et il faudra être patient ! Parce que ce réfractaire à toute brusquerie a fait sienne l'expression populaire « petite vitesse et grande lenteur », y compris pour les affaires de cœur. Il prendra donc le temps qu'il faudra avant de donner son cœur. Les pressés n'auront qu'à bien se tenir. De la même façon, il sera capable de passer des semaines à tenter de séduire une personne, peut-être pas immédiatement emballée par le charme de notre Capricorne, s'il croit en la possibilité d'une histoire sérieuse.

Si le Capricorne prend autant son temps, c'est que pour lui la qualité l'emporte sur la quantité. Il n'est pas de ceux qui aiment accumuler les conquêtes et préférera toujours avoir peu de relations amoureuses mais des relations amoureuses qui ont une chance d'aboutir… au mariage.

En couple, il pourra s'installer dans une certaine routine, même s'il accorde aux plaisirs charnels une place juste et honorable. Au fil des années, il pourra se montrer plus démonstratif sur ses sentiments, dans la mesure où il se sentira en sécurité affective.

En revanche, il risque de traverser des périodes pendant lesquelles son pessimisme et sa nette tendance à la mélancolie seront pesants pour son ou sa partenaire. S'il parvient à sortir de cet état, à se libérer de cette lourdeur psychologique et à présenter une mine plus gaie à ceux qui partagent son foyer, il aura toutes les chances de vivre dans une harmonie familiale qui lui apportera beaucoup d'équilibre.

En famille, son sens des responsabilités sera accru, et il veillera sur les siens comme une louve sur ses petits. Attention, il peut même parfois tomber un peu dans l'excès et se laisser aller à des scènes de jalousie ou à des attitudes protectionnistes qui étoufferont ceux qu'il aime.

Pour lui plaire

Le Capricorne, qui lui-même est à l'opposé de la vulgarité, recherchera instinctivement un certain raffinement chez son ou sa partenaire. Mais le physique, s'il se doit d'être élégant, n'est pas le seul atout qu'il faudra avoir pour faire craquer un Capricorne. Un bon bagage culturel sera un vrai plus tant le Capricorne a besoin de se sentir en adéquation intellectuelle avec celui ou celle qui partage sa vie.

En revanche, il fuira les extravertis, notamment ceux qui manquent de retenue pour se rapprocher plutôt de celles et ceux qui font dans le raffinement et la discrétion.

Le Capricorne en amitié

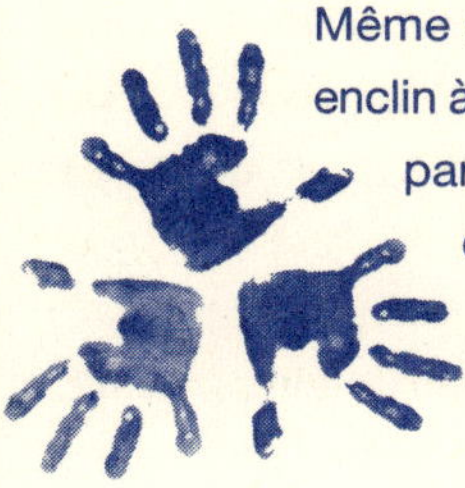

Même s'il est naturellement plutôt renfermé et finalement peu enclin à savoir s'entourer, le Capricorne est servi dans ce domaine par son ambition. Il saura notamment se cultiver un carnet d'adresses bien rempli pour servir ses intérêts et son ascension sociale. Car difficile de se faire une place au soleil sans un solide réseau professionnel et relationnel.

Le Capricorne cherchera donc très tôt dans sa vie (car c'est un visionnaire, ne l'oublions pas) à tisser des liens avec ceux qui croiseront son chemin. Généralement bien éduqué, poli et élégant, le Capricorne pourra ainsi jouir d'un important cercle de connaissances qui, bien qu'il ne s'agisse pas de relations profondes, représenteront pour lui une ouverture non négligeable sur le monde extérieur. On appréciera par ailleurs sa distinction, sa discrétion et sa facilité à aborder toutes sortes de sujets avec un certain détachement. Le Capricorne, toujours sur la réserve, ne sera pas de ceux qui gênent ou provoquent le malaise.

Certes, il s'agit là souvent de liens professionnels à l'origine, mais rien n'empêche ensuite de transformer ces liens en relations plus soutenues. Car le Capricorne, s'il met du temps à accorder sa confiance, le fait ensuite, en revanche, sans retenue.

Il aura donc très certainement peu d'amis proches – d'autant qu'il apprécie finalement plutôt la solitude – mais ceux qui feront partie de ce cercle restreint peuvent compter sur son indéfectible loyauté. Ce sera d'autant plus vrai que la relation amicale aura quelques années d'ancienneté, le Capricorne, plus que tout autre, accor-

> **Le Capricorne préférera toujours prévoir et anticiper plutôt que de subir l'imprévu.**

dant aux relations qui durent une valeur toute particulière. Il saura répondre présent si ses amis sont dans le besoin, et ses conseils souvent empreints d'une grande sagesse pourront s'avérer être judicieux et fort utiles. Il pourra même aller très loin par amitié et tout comme il peut développer une attitude très protectrice envers les membres de son foyer, il pourra, avec quelques proches, avoir un dévouement à la limite du sacrifice.

Reste qu'il ne sera pas toujours simple de dépasser la première impression, car le Capricorne est quelqu'un qui apparaît souvent froid et hautain.

Vie sociale et travail

Le trait de caractère qui marquera le plus la carrière du Capricorne est très certainement son ambition particulièrement développée. Le Capricorne fait partie de ceux qui ne peuvent se satisfaire d'une place de second choix.

Et pour parvenir à ses fins, ou au moins au but qu'il s'est fixé, le Capricorne est à peu près capable de tout. Il pourra accepter les tâches les plus ingrates si cela lui permet de gravir les échelons. Il sera prêt à subir les frustrations ou les tyrannies d'un petit chef s'il pense que le jeu en vaut la chandelle. Peu d'autres signes ont cette capacité à s'accrocher coûte que coûte, cette ténacité proche du masochisme. Mais c'est payant.

Le Capricorne réussit généralement une belle ascension, avec une progression lente, certes, mais bien réelle… et à la force du poignet. Doté d'une capacité de travail qui lui permet de tenir sur la durée, le Capricorne pourra se lancer dans un véritable travail de fourmi, échafaudant des stratégies minutieuses et anticipant point par point les étapes à franchir pour parvenir à ses buts. Son extrême ténacité et l'ardeur qu'il mettra à l'ouvrage lui assureront d'être toujours apprécié de sa hiérarchie. Son travail est bien fait, et il met un soin particulier à ce que les détails soient à la hauteur de l'essentiel.

[Le Capricorne bénéficie souvent d'un bon réseau relationnel, utile à son ascension sociale.]

Il est par ailleurs méthodique et organisé, ce qui lui permet de ne jamais être pris en défaut quoi qu'on lui demande de faire. Comme il anticipe souvent, on pourra lui confier des responsabilités nouvelles auxquelles il aura déjà largement réfléchi.

En revanche, le Capricorne qui ne perdra jamais son but de vue, s'agacera très vite s'il sent qu'il perd son temps... Il considère le temps comme son meilleur allié, il ne peut donc se permettre de faire du sur-place pendant trop longtemps.

Par ailleurs concret et cartésien, il aime pouvoir constater par lui-même le résultat de ces actions. Mais s'il se satisfait pleinement et personnellement de ses performances, pas question en revanche de courir après la gloire.

Le Capricorne n'est pas de ceux qui cherchent à récolter les lauriers. Pragmatique, sa seule récompense attendue sera la promotion, l'unique raison de son dévouement à la tâche en réalité.
De la même façon, il sera avare de compliments, et s'il travaille en équipe ou dirige un service, ses collègues ne devront pas attendre de sa part de la reconnaissance ou des fleurs, ce n'est pas le genre de la maison. Il saura en revanche montrer son contentement en distribuant des primes ou des avancements.

Plutôt à l'aise dans la vie de l'entreprise, le Capricorne n'est en revanche pas réellement assez solide pour faire cavalier seul. Il oscille trop souvent entre les doutes et l'ambition pour pouvoir résister au stress que représente le lancement d'une entreprise. Il serait par ailleurs vite un peu dépassé s'il devait faire face à des fluctuations de marché, un peu inévitables dans

Capricorne

le monde des affaires. En revanche, s'il est soutenu par un ou plusieurs associés, sa libre entreprise pourra être plus facilement stimulée alors que sa prestance lui ouvrira de nombreuses portes, ce qui sera très utile pour pouvoir évoluer dans les hautes sphères du monde des affaires.

Domaines de prédilection

Rationnel avant tout, le Capricorne pourra évoluer avec succès dans tous les domaines ou la créativité n'est la principale qualité recherchée. Les secteurs de l'économie en général et des chiffres en particulier lui portent plutôt chance. Il se sentira aussi à l'aise dans la gestion, la banque, les assurances. La justice peut l'attirer car son sens du jugement est généralement assez sain et sûr. Enfin, il pourra utiliser sa ténacité au profit de la recherche ou trouver beaucoup de satisfaction à exercer en tant qu'historien.

Qualités

Persévérant s'il en est, le Capricorne aura rarement l'occasion d'abandonner quoi que ce soit dans sa vie. S'il y est obligé par les circonstances, il en restera profondément malheureux et cherchera toujours à aller jusqu'au bout des choses. D'une grande intégrité, le Capricorne est aussi d'une droiture d'esprit remarquable et rares sont ceux qui auront à souffrir de coups bas portés par ce signe.

Pratique, il met son intelligence au profit de la réalisation de ses projets, ce qui lui permet finalement de rarement connaître l'échec. Ceci sera d'autant plus vrai que le Capricorne suivra une discipline de vie qui lui est propre. Car il a la faculté de monopoliser ses énergies pour converger vers le même but, sans se laisser aller à des défauts, tels que la paresse ou la dispersion, qui pourraient lui faire perdre du temps.

S'il parvient à se débarrasser de son côté un peu trop sérieux qui souvent l'encombre, le Capricorne pourra se révéler quelqu'un ayant une légèreté plutôt rafraîchissante. Ce qui ne l'empêchera pas au fond d'être toujours aussi posé, conscient, réfléchi. Mais en surface, il pourra présenter un visage plus extravagant qui lui donnera un peu plus d'épaisseur encore.

Défauts

Les esprits ouverts trouveront certainement le conservatisme du Capricorne un peu trop pesant. On lui reprochera souvent son côté un peu austère et froid, et il aurait tout intérêt à oublier de temps en temps cette distance de circonstance qu'il met systématiquement entre les autres et lui.

Il gagnerait par ailleurs à mettre un peu de joie de vivre dans ce qu'il fait et ce qu'il est. Son pessimisme et son côté tristounet ou sérieux en font quelqu'un de peu amène. La réussite n'est d'ailleurs pas réservée aux gens tristes heureusement, et le Capricorne ne prendrait donc aucun risque à se libérer un peu et à mettre une bonne dose de bonne humeur dans sa vie.

À force de toujours voir la vie sous son côté le plus sérieux, le plus raisonné, le Capricorne peut finir par s'enfermer dans un certain immobilisme. Car la peur n'évite pas les dangers, et toujours prévoir le pire finit par empêcher de faire quoi que ce soit. Un peu plus d'élan parfois seront le bienvenu chez ce signe qui est un habitué souvent des reculades.

Verseau

21 janvier – 19 février

Sensibilité : masculine
Élément : Air
Planète : Uranus
Maison : XI, la sphère sociale
Signe polaire : Lion

Symbolique

L'eau, c'est la vie. Car sans eau, aucune vie n'est possible. Le Verseau représenté par un homme qui désemplit une jarre est donc symboliquement celui qui donne la vie. Cette notion est très forte dans le signe, et ce géniteur – en quelque sorte – se présente ainsi comme un guide. Il pourra d'ailleurs marquer le commencement d'un cycle ou s'inscrire dans le renouveau le plus total. C'est le signe du possible, du rêve éveillé et de la fécondité. Il se place dans la réalisation, car il garde une dimension concrète qui peut faire défaut à d'autres rêveurs.

Son alter ego du zodiaque

Le Gémeaux

Ils partagent le même amour de la liberté, une foi indéfectible dans la vie et sont tous les deux soutenus par une grande intuition. S'ils s'entendent, ils deviendront inséparables et pourront faire de grandes choses, se lancer dans les projets les plus fous. Le seul risque ? Qu'ils se laissent un peu trop porter justement et s'emballent pour des projets complètement utopistes ou dénués finalement de tout intérêt.

Verseau

Profil astral et caractère

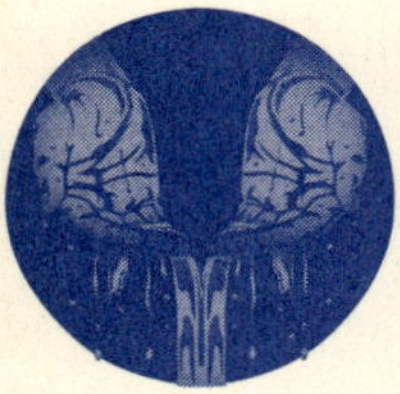

Le Verseau est porté par un formidable espoir. Ce onzième signe du zodiaque, mais aussi premier signe de l'année, porte en lui toutes les possibilités, c'est le signe du renouveau.

L'appétit de vie du Verseau n'a d'égal que son énergie puissante et terriblement porteuse. C'est sans aucun doute une personnalité pleine de fougue et de fraîcheur, très souvent en dehors de tout plan et toute prévision rationnelle, il est vrai, mais avec un naturel déconcertant.

Derrière ce côté parfois un peu fou-fou, le Verseau cache une grande intelligence de la vie mais aussi un caractère bien trempé.

Ne comptez pas sur lui pour ressembler aux moutons de Panurge, ce signe défend avec ferveur une vision anticonformiste de la société. Il est d'ailleurs toujours prêt à refaire le monde, et si son utopie peut parfois faire sourire, il défendra toujours ses idées avec passion.

Certes, le Verseau gagnerait souvent à se canaliser un minimum, de façon à organiser ses idées et ses envies et les rendre ainsi plus réalistes, mais son idéalisme est quand même très souvent positif et porteur dans la mesure où ce visionnaire à une perception intuitive très accrue de la société qui l'entoure.
Ce peut même être parfois surprenant tant il sent avec justesse les choses et leur devenir. Totalement tourné vers le futur qu'il anticipe généralement sans trop se tromper, le Verseau oubliera souvent bien vite le passé et les leçons qu'il aurait pu ou dû en tirer.

Doté d'une forte personnalité, le Verseau s'accommode facilement de ces petits défauts en balayant tout sur son passage. Son charisme lui procure de nombreuses possibilités d'action qu'il ne laisse jamais passer. Et même s'il peut parfois donner l'impression de partir dans tous les sens, il suit toujours une certaine logique. Logique assez éloignée tout de même de celle que l'on rencontre chez d'autres.

[Porté par une grande imagination, le Verseau pourra faire des merveilles dans tous les domaines créatifs.]

Le Verseau peut aussi souvent se distinguer par une excentricité marquée. S'il veut pouvoir mettre son altruisme au service de la société, nous ne pouvons que lui conseiller de ne pas trop se positionner en marge de la société. Car même si un peu d'originalité ne nuit pas (et le Verseau en possède une bonne dose), l'excès est rarement porteur d'effets positifs.

Le Verseau devra également souvent faire attention à ne pas trop se laisser aller à la fantaisie. Car s'il veut être un minimum pris au sérieux, et il en aura besoin pour mener à bien ses projets et donc s'épanouir, il aura tout intérêt à essayer de rentrer un peu dans le moule. Trop d'extravagances finiraient par les faire passer aux yeux de tous comme un personnage peu digne de confiance car trop imprévisible. Quant à sa propension à tomber dans la provocation, elle serait carrément nuisible pour la réalisation de tous ses projets. Ses réactions par ailleurs souvent changeantes et parfois difficiles à comprendre ont tendance à le desservir. C'est dommage, car le Verseau est souvent porteur de très belles idées, très novatrices, qui mériteraient tout à fait de pouvoir s'exprimer de manière plus aboutie. Mais pour cela, dans la société dans laquelle nous évoluons, et même si le Verseau peut le déplorer, il faut répondre à certains critères et parler un langage approprié. Il ne suffit malheureusement pas toujours d'avoir une idée lumineuse et un enthousiasme débordant pour parvenir à changer la société, le Verseau risque de l'apprendre à ses dépens.

Fort heureusement pour lui, le Verseau saura s'entourer et pourra ainsi gommer assez souvent ces handicaps. Par moments crédule, le Verseau aurait aussi tout intérêt à arrêter de prendre des vessies pour des lanternes. D'aucuns seraient bien tentés de profiter de la naïveté du gentil Verseau, et il ne sera jamais à l'abri d'une entourloupe. Il serait ainsi judicieux qu'il apprenne à se méfier de l'herbe trop verte et qu'il ne donne pas sa confiance au premier venu. C'est la seule condition pour qu'il garde intact son esprit vierge de toute malhonnêteté et son inébranlable foi dans la vie et dans l'humanité.

Le Verseau en amour

Partant du principe que la liberté est une condition sine qua non à son épanouissement et à son bonheur, le Verseau pourra, surtout dans sa jeunesse, faire de l'infidélité un principe de vie. Et comme il n'est jamais à l'abri d'une contradiction supplémentaire, il pourra en fait rêver secrètement au mariage.

En attendant, notre Verseau virevoltera de cœur en cœur au gré de ses envies et des opportunités que lui offrira la vie. Il s'enflammera souvent et se posera rarement. Et regardera ses amours avec cette pointe d'ironie et cette légèreté qui le caractérisent souvent.

Charmant et respectueux, il comblera ses partenaires rien qu'avec sa présence et sa joie de vivre. Son originalité fera toujours mouche et il possédera une aura sentimentale au moins aussi importante que le nombre de ses conquêtes. Même si le signe, au masculin et au féminin, ne veut pas se comparer à un Don Juan ou une croqueuse d'homme parce qu'il est toujours sincère dans ce qu'il éprouve, celles et ceux qui s'amouracheront d'un Verseau peuvent s'attendre à quelques peines de cœur. Incapable de résister à l'appel d'un nou-

> Le Verseau est un avant-gardiste reconnu. Il est capable de percevoir les choses avant tout le monde.

veau coup de cœur, le Verseau ne sera pas du genre à rester avec quelqu'un pour la forme ou la raison. Pas de seconde chance et avec lui, celui ou celle qui essaiera de lui mettre le fil à la patte en sera quitte pour le voir s'envoler, définitivement.

Il est pourtant capable d'éprouver des sentiments grands et profonds, notre Verseau, et s'il tombe amoureux, son affection ne sera pas feinte. En revanche, il veillera à ne pas se sentir emprisonné dans un couple. Le mariage ? Il précipiterait certainement son couple dans la rupture. Il préférera l'union libre, même s'il est capable en définitive de vivre avec la même personne pendant de nombreuses années.

En couple, il sera toujours aussi charmant. Attentionné, il saura mettre son ou sa partenaire en confiance et, à deux, ils s'élèveront mutuellement, portés par une ambiance familiale extrêmement positive. Reste néanmoins qu'il peut parfois être difficile à suivre, et son compagnon ou sa compagne serait bien avisé de ne jamais se penser définitivement établi. Car sentimentalement, il est confronté à des sentiments contradictoires. Entre son cœur qui ne bat pas toujours à la même vitesse et ce besoin viscéral qu'il a de se sentir libre, il pourrait surprendre en prenant des décisions radicales et sans appel.

Il pourrait en effet tout envoyer balader du jour au lendemain et reprendre sa vie de célibataire sans que personne ne puisse le faire changer d'avis, juste parce que son besoin de liberté sera à nouveau une question de survie. S'il agit ainsi, il ne se retournera jamais sur son passé et ne se remettra pas en question. En revanche, il est aussi tout à fait capable de tomber une seconde fois amoureux de la même personne, laquelle aura l'impression d'être prise pour une girouette.

En famille, le Verseau conservera cette aura et fera souvent l'admiration de ses enfants. Ils adoreront son charisme et, avec lui, ne s'ennuieront jamais. Il partagera avec eux sa fraîcheur et son goût pour la vie et se fera un devoir de leur montrer la vie de son meilleur côté, transmettant ainsi son positivisme et agissant souvent sur le mode du jeu. Ce sera un papa ou une maman hors pair, capable tout à la fois de rassurer par des sentiments forts et sincères mais aussi de donner une impulsion positive dans la vie et dans l'action.

Pour lui plaire

Le Verseau aura bien du mal à tomber amoureux d'une personne très différente de lui, au moins sur le plan de l'indépendance. D'ailleurs, une telle histoire ne pourrait guère être nvisageable. Le Verseau ne pourrait gérer un amoureux ou une noureuse qui ne saurait exister sans lui. Il n'est pas possessif jaloux, et ne pourrait regarder avec un œil admiratif quelqu'un qui ne saurait évoluer en dehors de lui. Il a au contraire besoin de sentir que l'autre peut lui échapper à tout moment pour avoir plus envie encore de le retenir. De la même manière, il fuira les complications de tout ordre. Avec lui, il faut que cela soit clair et simple. Si on s'aime et que l'on est bien ensemble, tout va bien… sinon, au moindre doute, on se quitte, sans regret.

Du fait de son côté en marge de la société, le Verseau aurait du mal à s'entendre avec une personne très conventionnelle et ancrée dans les convenances. Il fuira celles et ceux qui attachent trop d'importance aux apparences ou qui veulent absolument rentrer dans le schéma traditionnel du couple (mariage et enfants), même si, en définitive, c'est ce vers quoi il ira aussi.

Le Verseau en amitié

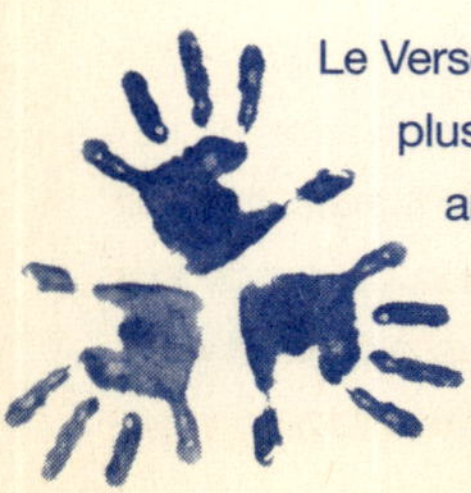

Le Verseau est certainement le signe du zodiaque qui laisse la part la plus large à l'amitié dans sa vie. Pour lui, c'est simple : avoir des amis et une question vitale. D'ailleurs, l'amitié est pour les natifs du signe du Verseau aussi importante, voire plus, que l'amour. Seul, s'il ne se sent pas entouré, il perdra de sa superbe, doutera, se flétrira, perdra de sa saveur. Car plus que tout autre, le Verseau a besoin de la confiance et de la bienveillance de son entourage pour se sentir exister pleinement. Fort heureusement pour lui, son profil lui permet généralement d'avoir un tissu relationnel riche et conséquent.

Souvent volage, parfois infidèle, le Verseau sera un compagnon de route avec lequel il faudra souvent composer.

Lui qui déteste plus que tout la solitude ne devrait pas trop en souffrir tant que sa personnalité exercera ce magnétisme sur son environnement. Car force est de constater que, même sans faire d'efforts particuliers, le Verseau a toujours une cour d'admirateurs à ses pieds. Ce grand social, extraverti et original, ne laisse jamais indifférent, ce qui lui assure de fait d'être entouré. Bien entendu, connaître un grand nombre de personnes ne veut pas dire grand-chose. Le Verseau a besoin de relations profondes et ne pourrait se contenter d'un réseau de connaissances superficielles et de circonstances. Même s'il cherche toutes sortes de relations, il faudra qu'il y ait dans son cercle une bonne proportion de connaissances mais aussi d'amis proches.
En société, il sera à l'aise partout avec tout le monde. Comme il fait peu cas de ce que l'on pense de lui, il restera toujours naturel, et son originalité le servira toujours plus que le contraire. Certes, il ne fera pas toujours nécessairement l'unanimité, mais il exercera un pouvoir réel sur l'assemblée, et se contentera tout à fait de jouir de cette position pour évoluer dans toutes sortes de milieux. Le Verseau est ainsi quelqu'un de profondément social, même s'il se défend bien de rentrer dans les rangs de la société.

Cette facilité avec laquelle il crée le contact se retrouvera aussi dans le cercle plus restreint de l'amitié. C'est quelqu'un de très ouvert, vers qui l'on va facilement au pire, qui attire irrémédiablement au mieux.
Très souvent, on recherche sa présence sans que lui ait vraiment besoin d'aller vers les autres. Car sa personne tout entière est une invitation au dialogue, à la rencontre, à l'échange. Mais même s'il n'est pas souvent à l'origine de la rencontre, ensuite, le Verseau se sent très impliqué dans ses histoires amicales. Ses

amis lui procurent d'ailleurs un équilibre indispensable, sans lequel il ne pourrait pas avancer.

> Sans amis, le Verseau n'est plus rien. Aucun autre signe n'a un sens de l'amitié aussi développé que lui.

Sa capacité d'écoute fait que l'on viendra souvent se confier à lui. Il n'a par ailleurs pas son pareil pour trouver des solutions originales à tout problème. Quant à sa propension à toujours trouver le mieux y compris dans ce qu'il y a de plus sombre, c'est un extraordinaire levier pour celles et ceux qui traversent des périodes difficiles. Ainsi, le Verseau ne fait pas mentir sa réputation d'ami parfait: il sait écouter, il sait conseiller et il sait redonner du baume au cœur quand cela ne va pas. Ajoutez à cela un optimisme toujours communicatif, et vous comprendrez pourquoi il est toujours celui vers qui l'on se tourne.

Mais ce n'est pas tout. Le Verseau sait aussi se rendre indispensable pour toutes les autres occasions. Pour refaire le monde dans des discussions jusqu'au bout de la nuit ? Vous pouvez compter sur lui. Pour mettre l'ambiance dans une soirée ? Vous pouvez compter sur lui. Pour donner un coup de main au besoin ? Il sera toujours présent. Le Verseau est sans aucun doute l'ami que nous voudrions tous avoir.

Vie sociale et travail

Doté d'une imagination sans faille, le Verseau est le type même du personnage qui va de l'avant. S'enfermer dans une profession sans issue, sans avenir ? Pas question. Le Verseau est avant tout un extraordinaire visionnaire qui pourrait même sans le vouloir révolutionner son champ d'action. Car attention, avec lui, ça déménage.

Son originalité et sa créativité le porteront sans aucun doute dans des domaines d'activités où il faut être novateur. Mais il possède un autre atout, une qualité plus particulière encore qui peut faire de lui une personne au destin hors du commun. Le Verseau se distingue ainsi en ayant toujours un train d'avance sur ces congénères. Il est le symbole même de la modernité et de l'avant-gardisme. Et alors ?, me direz-vous. Alors, dans les faits, le Verseau fait partie de ceux qui peuvent réellement changer le monde, faire évoluer la société, mettre en place des idées nouvelles. Cela n'a l'air de rien, mais que serions-nous sans ces personnes capables de grandes inventions ou prêtes à tout pour bousculer l'ordre établi. Le Verseau fait partie de ceux-là, de ces grands esprits à qui l'on doit le monde moderne. Ce qui ne veut pas dire que tous les Verseau, à l'image de Thomas Edison, œuvreront pour la science et trouveront l'invention qui changera notre quotidien ! Mais le sens très aigu de l'innovation associé à une évidente ouverture sur la modernité que l'on trouve chez la majorité des Verseau fait de ce signe un acteur au rôle parfois majeur dans la société.
S'il utilise ses talents à des fins purement personnelles, le Verseau ne changera certes pas la société, mais il pourra connaître de grandes réussites professionnelles. Il a du flair, croit en l'avenir et sait utiliser son intuition pour progresser. Il peut ainsi réaliser de belles affaires dans des domaines où il pourra prendre de court la concurrence, par exemple, lui qui pourra sentir les tendances avant les autres.

Le Verseau, très idéaliste, pourrait en revanche connaître quelques déconvenues s'il n'y prend garde. Il aura tendance à vouloir parfois tout révolutionner sans avoir vérifié avant qu'il a une marge de manœuvre suffisante. Il peut aussi s'emballer, un peu trop rapidement, pour un projet d'une envergure démesurée et se casser les dents car il n'aura pas calculé les risques. Du coup, la carrière du Verseau reste souvent une grande

[Peu enclin à suivre les règles, le Verseau aime bousculer les conventions et l'ordre établi.]

inconnue. Autant il peut connaître un destin exceptionnel, autant il peut vivre une carrière en pointillé, avec des hauts et des bas.

S'il travaille en entreprise, dans un milieu assez ouvert et flexible, le Verseau saura souvent convaincre ses collègues et sa hiérarchie. C'est quelqu'un que l'on respectera et dont on suivra les idées. En revanche, dans une structure trop conventionnelle, le Verseau aurait bien du mal à s'exprimer. Dans une administration, par exemple, ou le poids des règles et la rigidité du système sont réels, le Verseau ne sera jamais épanoui.

Dans le commerce, en revanche, le Verseau pourra faire des étincelles et son intuition le mènera souvent vers les bonnes affaires.

Enfin, son indépendance et la facilité déconcertante avec laquelle il trouve des solutions à tout lui donneront une bonne chance de réussir s'il se lance seul. Lui qui a une imagination très fertile, il pourra ainsi réaliser de jolis parcours dans l'artisanat mais aussi dans les arts.

Domaines de prédilection

S'il n'a pas forcément le profil de l'énarque qui intègre la haute administration, le Verseau pourra quand même être tenté de mettre ses idées novatrices au service de la société dans laquelle il vit en visant les milieux politiques. Il pourra ainsi défendre une vision nouvelle de la société. Mais attention, pas question pour lui d'intégrer un parti conventionnel, synonyme de lourdeur et de rigidité. Il sera à l'aise uniquement dans une petite structure, plus en marge, là où la liberté d'expression aura encore tout son sens.

Les sciences sont évidemment des domaines où le Verseau pourra apporter beaucoup, même si certains auront un petit côté savant fou pas toujours bien compris. Mais c'est sans aucun doute dans le domaine de l'art que de nombreux Verseau laisseront libre cours à leur créativité. Que ce soit dans l'écriture, la peinture ou l'anticipation, le Verseau pourra s'y faire un nom.

Qualités

Grâce à son sens aigu de l'équité, le Verseau est souvent perçu, à juste titre, comme quelqu'un de droit. Et même si, parfois, son excentricité peut surprendre, on ne pourra jamais lui reprocher de fourberie. Avec lui, pas de mauvaise surprise, il est au fond tel qu'il apparaît dans la forme, dans tout ce que cela comporte de surprise.

Sa générosité tout aussi intellectuelle que matérielle fait du Verseau une personne à l'altruisme haut placé. C'est quelqu'un qui gagne réellement à être connu car il a énormément à donner à son prochain. Il est une source d'enrichissement pour ceux qui l'entourent.

Défauts

Quand il pousse ses idéaux et son avant-gardisme un peu trop loin, le Verseau peut tomber dans l'excès. Vouloir faire évoluer les choses, c'est bien. Vouloir tout casser, cela peut finir par s'apparenter à de l'anarchie. Attention à rester quand même sous contrôle. S'il n'y prend pas garde, le Verseau pourra gaspiller beaucoup d'énergie à partir dans tous les sens. Cette tendance à la dispersion se retrouve souvent chez les natifs de ce signe qui gagneront parfois à réfléchir un peu plus avant de se lancer.

Poissons

20 février – 21 mars

Sensibilité : féminine
Élément : Eau
Planète : Neptune
Maison : XII, le mystère et les secrets
Signe polaire : Vierge

Symbolique

Issu de la mer, le Poissons est signe de fécondité et de richesse. C'est l'animal du commencement du monde, celui par qui la vie est arrivée. Mais c'est aussi le dernier signe du zodiaque. En ce sens, il représente aussi la fin des choses. Symboliquement, le signe des Poissons est représenté par deux poissons, lesquels symbolisent cette double acception : le début et la fin.

Mais du coup, le Poissons portera aussi en lui une dualité avec laquelle il devra composer et qui pourra l'emmener dans les extrêmes et à sa perte s'il n'y prend garde.

Son alter ego du zodiaque

Le Scorpion

Une association dangereuse que celle-ci. Mais pourtant elle peut être très fructueuse. Ce sont deux signes d'eau et deux signes féminins qui pourtant sont très différents. La passion du Scorpion et la raison du Poissons peuvent fonctionner si l'un ne prend pas complètement l'ascendant sur l'autre. Car ils ont bien plus en commun qu'ils ne le pensent ; une grande sensibilité et une attirance pour le mystère qu'ils pourront cultiver ensemble. À moins qu'ils ne fassent des découvertes plus fabuleuses dans leurs recherches dans les domaines du mysticisme.

Poissons

Profil astral et caractère

Le Poissons, ce dernier signe du zodiaque, est particulièrement difficile à cerner. C'est le signe des contradictions et des interprétations variées. Car s'il est un signe qui subit les influences, c'est celui-ci. Il n'y a donc pas un mais bien plusieurs Poissons, des sortes de sous-catégories dans lesquelles les ascendants, les positions de planètes mais même l'entourage du Poissons jouent un rôle et quelquefois un rôle déterminant. Il existe néanmoins de grandes lignes de personnalités que l'on peut décrire mais il faut savoir que le Poissons pourra présenter des dissensions fortes avec ces traits de caractères ou évoluer de l'un ou de l'autre côté à différents moments de sa vie.

Dans le fond, le Poissons est un grand sensible. Il est souvent tout entier tourné vers ses émotions qui même, le pauvre, le dépassent souvent. Il peut même être réellement émotif, proche, certains diront, de la sensiblerie.

Ce timide, qui peut manquer un peu d'assurance et de confiance en lui, préférera de fait la discrétion à la mise en avant, l'introversion à l'exubérance. S'il peut pleinement exprimer ses émotions, le Poissons sera un être d'une grande douceur et il pourra même afficher souvent une certaine sérénité. Oui mais. Car il y a un mais.

Le Poissons est aussi le signe le plus sensible à son environnement. En d'autres mots, il pourra tout à fait s'éloigner de façon durable de sa personnalité profonde pour revêtir un costume fort différent de ce qu'il aurait été au départ.

De fait, son caractère très malléable fait qu'il peut être largement formaté par l'éducation qu'il aura reçue. S'il grandit dans un environnement où les émotions seront refoulées ou dans un milieu tourné vers les conventions, la rationalité et le matérialisme, il y a fort à parier que notre Poissons ne gardera de son émotivité première que de très lointains souvenirs. Il apparaîtra alors tel qu'il aura été façonné, extrêmement matérialiste ou étriqué dans un conventionnalisme culturel étouffant.

[Le Poissons a grand besoin de reconnaissance et de marques d'affection.]

C'est ainsi que le Poissons peut présenter, parfois même dans la même vie, deux natures très distinctes : à la fois rêveur, très attiré par la révolte mais aussi terriblement ancré dans l'éducation reçue et les règles.
S'il arrive à conserver un raisonnement conceptuel il n'en restera pas moins marqué par un côté assez terre à terre. Cela pourra lui servir, ceci dit, à garder les deux pieds sur terre, mais il y perdra aussi beaucoup en chaleur et en humanité.

Plus dangereux encore, devant lutter contre ce moi profond, et se sentant terriblement prisonnier de ce qu'il est devenu, le Poissons pourra chercher une porte de sortie dans des comportements peu académiques et sombrer dans l'alcool ou la drogue par exemple. Une manière radicale de s'évader mais qui finalement correspond plutôt à une forme de sensibilité et de faiblesse exacerbée. Le Poissons aura donc tout intérêt à essayer de reconnaître rapidement tout signe de mal-être s'il s'enlise dans une existence qui lui pèse. À lui ensuite de trouver des solutions pour sortir de sa « prison » sans se ruiner la santé ni se mettre en danger. Ce n'est qu'en redonnant enfin une expression réelle à ce qu'il ressent qu'il pourra combattre ses vieux démons.

Même si tous les Poissons, fort heureusement, ne connaîtront pas un tel destin, bien triste, la grande majorité d'entre eux se sentira tiraillée souvent entre deux conceptions de la vie, et entre deux états.

Le Poissons par exemple passe avec une facilité déconcertante d'une vision positive à une vision négative de la même situation. Ce caractère changeant lui complique souvent l'existence car il a tendance à changer de façon d'agir régulièrement, et son entourage en perd son latin. Il sera d'ailleurs largement aidé dans ses entreprises, s'il s'associe avec un signe qui lui apportera une sécurité et une sérénité qui lui manque. Un Cancer ou un Capricorne, par exemple, l'apaiseront.

Vu sa tendance à être un peu torturé intellectuellement et émotionnellement, le Poissons pourra aussi être très porté sur le mysticisme. S'il ne tombe pas dans l'obscurantisme, cela pourra toujours – qui sait – lui apporter certaines réponses à ses questionnements internes, mais là encore, il faudra qu'il veille à ne pas franchir la ligne jaune.

Le Poissons en amour

S'il est un domaine où le Poissons a gardé une sensibilité forte, c'est bien pour ce qui concerne ses relations amoureuses. Il pourra ici se montrer extrêmement tendre et câlin ; mieux encore, il pourra se découvrir une âme de poète, à mi-chemin entre le troubadour et le romantique exalté. Bref, un Poissons sous un jour nouveau, frais comme un gardon, qui frétillera pour un comparse au moindre coup de queue.

Car le Poissons tombe amoureux plus vite que son ombre. Il s'emballe, s'empresse, s'enflamme, certes pas avec la puissance et la passion d'un autre signe comme le Scorpion mais avec une volonté affichée en tout cas de séduire l'objet de son désir. Car le timide Poissons sait sortir de sa réserve quand il s'agit des plaisirs de la chair. Il se révèle même coquin et plutôt bien informé sur les choses du sexe.

En revanche, qu'il soit homme ou qu'il soit femme, le physique et le plaisir physique vont généralement de pair avec une effusion sentimentale. L'aventure purement sexuelle, voilà une démarche qui ne l'intéresse pas du tout. Le Poissons, ce sentimental, est avant tout tourné vers son cœur et ce qu'il cherche, même si cela n'empêche bien évidemment pas les satisfactions physiques, c'est avant tout l'âme sœur, l'amour sincère et la relation durable. Ceci est d'autant plus vrai qu'il

> **Le Poissons a besoin de se sentir très entouré, il accorde ainsi très facilement sa confiance à autrui.**

saura mettre beaucoup d'énergie et d'investissement dans une relation nouvelle, dont il espérera un retour à la hauteur de ses espérances. Et c'est d'ailleurs souvent là que le bât blesse. Car s'il peut souvent avoir une vision un peu laborieuse et terre à terre du quotidien, il a en revanche une conception assez idéalisée de l'amour. Et comme la réalité n'est pas nécessairement à la hauteur de ses attentes il pourra subir dans sa vie sentimentale des déceptions cruelles, et pourtant un peu disproportionnées. Il aura tout intérêt ainsi à avoir une attitude plus réaliste, non seulement par rapport à ce que l'amour peut lui apporter, mais aussi par rapport à ce que l'autre peut donner.

Il y gagnera en sérénité et surtout son couple y gagnera aussi car bien souvent il régnera dans le foyer du Poissons une harmonie dont il ne saura pas profiter, tout occupé tout le temps à demander plus. S'il n'est pas totalement (ou presque) rassuré par son partenaire, le Poissons peut se refermer comme une huître et cultiver le secret comme il sait si bien le faire dans d'autres domaines de sa vie. À charge ensuite pour son compagnon ou sa compagne d'être suffisamment démonstratif pour qu'il se sente à nouveau à l'aise.

Mais c'est vrai que celui ou celle qui partagera la vie d'un Poissons doit s'attendre ainsi à quelques périodes de doutes. Pour les éviter, le mieux sera de ne pas tomber dans la routine, et d'entretenir le couple comme aux premiers jours, quand les gestes d'affection et de tendresse étaient légion. Le Poissons a terriblement besoin de ces marques soutenues tout au long de sa vie ; une fois qu'on le sait, il est finalement assez facile de le satisfaire, et de vivre une jolie harmonie.

Dans le couple, le Poissons est rarement, pour ne pas dire jamais, dans la position du dominant. Il pourra même parfois se comporter en enfant, et certains couples fonctionneront sur le mode paternaliste. Il aime se laisser guider par son ou sa partenaire et en toute logique, sera influencé par le caractère de celui ou celle qui partage sa vie : il dévoilera ainsi selon les cas ses côtés les plus sombres ou pas. Dans le pire des cas, il n'arrivera pas à s'engager ni physiquement ni mentalement et, s'il aime être guidé, les personnalités castratrices ne sont en revanche pas du tout ce qu'il lui faut pour atteindre l'équilibre.

En famille, il se révélera souvent être un excellent parent, très à l'écoute de ses enfants et sachant leur apporter une sécurité affective primordiale pour leur évolution.

Pour lui plaire

Le Poissons aura besoin de vivre avec une personnalité assez expansive, capable de lui montrer la profondeur de ses sentiments. Il sera souvent attiré par des personnes qui ont des qualités qui lui manquent comme la combativité. Comme il est rarement moteur dans le couple, l'autre devra avoir assez d'esprit d'initiative pour représenter une impulsion pour eux deux ou pour la famille.

Le Poissons pourra également être assez porté par une personne optimiste, dynamique et gaie, lui qui peut avoir de grands moments de tristesse et se laisser aller parfois à la paresse.

Enfin, comme il n'est pas contre les marques d'affection répétées, y compris en public, celui ou celle qui voudra séduire notre frétillant Poissons sera bien avisé d'avoir un penchant certain pour la démonstration.

Le Poissons en amitié

Même si de prime abord, le Poissons ne semble pas être le compagnon de fête idéal (il manque un peu de légèreté), ce sera quelqu'un de généralement très

entouré... pas nécessairement par une horde d'amis très proches, mais en revanche par un nombre important de connaissances.

Ce qui fait qu'il pourra être très entouré, mais pas forcément bien entouré. La quantité au détriment de la qualité en quelque sorte.

Car le Poissons n'est pas très exigeant. Il n'aime pas faire le tri et côtoie nombre de personnes avec qui au final il n'a pas réellement d'affinités.

Comme il est du genre peu contrariant, il suivra toujours l'avis de la majorité, ce qui, si cela lui permet d'embrasser l'opinion générale, pourra aussi le faire passer pour un béni-oui-oui. On peut regretter qu'il manque un peu de discernement et c'est bien dommage car à se bercer à ce point d'illusions sur les gens qui l'entourent, il n'est jamais à l'abri de déceptions parfois douloureuses.

Le Poissons gagnerait ainsi à en apprendre un peu plus sur les rapports humains, et à ne pas voir les gens tels qu'il a envie, lui, qu'ils soient. Cela lui permettrait aussi de se rendre compte que tout le monde n'a pas sa sincérité et que certains agissent par calcul ou intérêt.

S'il a des amis sincères en revanche, le Poissons trouvera dans ces relations de grandes satisfactions. Leurs échanges seront riches, et ils s'apporteront beaucoup mutuellement.

Tout comme en amour il cherchera une personnalité complémentaire à la sienne ; en amitié, il sera très attiré par des personnalités assez éloignées de la sienne.

> Avec ses amis, le Poissons est sincère et serviable. C'est un ami sur qui on peut compter.

« Qui se ressemble s'assemble », dit-on. Cela ne se vérifiera pas forcément chez le Poissons qui au contraire cherchera chez ses amis les qualités qui lui font défaut. Il ira ainsi naturellement vers les personnes enjouées et qui ne manquent pas de peps.

Il n'hésitera pas à se tourner vers ses amis s'il a besoin de réconfort et de leur côté, ils pourront compter sur sa totale loyauté. Leurs relations seront généralement simples et franches, sans complications ni heurts.

S'il parvient ainsi à entretenir ce genre de relations, le Poissons sera épanoui, équilibré et se montrera sous un jour plus avenant que s'il se sent isolé.

Vie sociale et travail

Le Poissons n'est pas dominé par une ambition dévorante. Les grands projets, les réalisations pharaoniques, il laisse cela aux autres, les fonceurs un peu fous que sont les Bélier, Taureau ou Sagittaire. Non, lui, est plutôt du type nonchalant. Un lymphatique pas très actif, qui aura tendance souvent à se laisser porter par les événements plutôt qu'à les provoquer.

Ce qui ne veut pas dire qu'il aura une vie professionnelle triste et morne. Mais disons qu'il restera dans la réalisation d'objectifs plus simples. Déplacer des montagnes, changer le monde ou partir vivre des aventures exaltantes, c'est juste que cela ne l'attire pas. Pourquoi se forcer dans ces cas-là ?

Néanmoins, le Poissons pourra vivre une belle ascension sociale et s'il n'a pas la carrure pour occuper des postes à haute responsabilité, il pourra donner de grandes satisfactions à ceux qui l'emploieront. Dévoué et humble, il s'attellera à sa tâche sans sourciller, et même s'il ne faut pas compter sur lui pour fournir des excès de zèle, force est de constater qu'il remplira ses fonctions avec beaucoup d'honneur.

Il se situe plutôt dans la réflexion que dans l'action et on le félicitera pour son action réfléchie et sa faculté à régler les problèmes calmement et sans précipitation. Ce qui fait que le Poissons aura toutes les chances de grimper dans l'entreprise pour finir par s'y faire une place au soleil.

Et même s'il n'est pas motivé par le pouvoir ou la position sociale, il ressentira une énorme satisfaction et une énorme fierté personnelle par rapport au chemin parcouru.

Le Poissons aime apprendre et s'enrichir de connaissances nouvelles. Il pourra donc envisager une formation en cour de carrière sans problème et fera partie de ceux qui ont la capacité de se reconvertir et de redémarrer de zéro, y compris à un âge plus avancé.

Cette même faculté à apprendre peut l'amener à opter pour le professorat. Et comme il aime très souvent étaler ses connaissances, il pourrait faire un excellent orateur en université par exemple. Il pourra sinon, toujours se tourner vers l'enseignement plus traditionnel, qui lui conviendra bien de toute façon.

S'il a grandi et évolué dans un milieu petit bourgeois, le Poissons aspirera à retrouver ce confort de vie et son côté matérialiste reprendra le dessus. Il pourra alors bénéficier d'une belle réussite dans le commerce ou dans le monde des affaires. Ce terrien, très porté sur le concret poursuivra des entreprises sans prises de risques exagérées et pourra amasser un joli magot en progressant lentement mais sûrement. Il sera aidé par sa modestie et son humilité qui lui permettront incontestablement de progresser

> **Le Poissons est doué pour le commerce, domaine dans lequel il peut exceller.**

Poissons

sans se créer de jalousies et donc de se préserver des coups bas. Et puisqu'il ne pourra pas compter sur un tempérament fonceur, il se servira plutôt de son intuition qui le mènera souvent sur la voie du succès.

D'un naturel économe, il pourra se faire également remarquer par ses capacités de gestion, que ce soit pour ses affaires, s'il est à son compte, ou dans l'entreprise à des postes clés, en gestion ou comptabilité.

D'une tout autre personnalité, le Poissons qui n'aura pas été influencé par une éducation très conventionnelle pourra quant à lui s'épanouir dans des domaines où l'immatériel primera sur l'argent. Il peut ainsi passer sa vie au service des autres, des pauvres, des déshérités ou des malades.

Domaines de prédilection

Le Poissons sera assez à l'aise dans le monde du commerce et de l'artisanat. Ces entreprises à taille humaine lui conviennent bien et correspondent assez à la vision qu'il a de la progression sociale, qu'il préférera moins rapide mais plus sûre. Il peut réussir dans les domaines de l'hôtellerie-restauration ou le commerce de vêtements.

Le professorat, nous l'avons, vu représentera un secteur qui lui offrira de belles opportunités. Enfin, si son côté émotionnel prime sur son côté matériel, le Poissons sera très attiré par les secteurs du médical et du paramédical. Qu'il devienne médecin du monde, pédiatre ou infirmier, il aura toujours cette volonté farouche de soulager l'autre. Il sera d'ailleurs souvent d'un grand réconfort pour ceux qui souffrent car il saura associer le geste à la parole.

Qualités

Le Poissons est honnête. C'est une des premières qualités que l'on remarque chez lui tant il porte cette honnêteté dans sa posture. Le regard franc s'accompagne toujours d'un discours clair, net et précis. Il ne cherche jamais à embobiner qui que ce soit. Et s'il est en difficulté, il l'avouera sans problème plutôt que de s'installer dans le non-dit ou le mensonge.

À cette honnêteté s'ajoutent une humilité et une facilité à la compassion qui permet de dire que le Poissons est une personne foncièrement bonne. Chercher à faire du mal à qui que ce soit serait une hérésie pour lui, même pour rendre la pareille. Il pardonne d'ailleurs assez facilement et n'est pas rancunier.

Défauts

Trop de gentillesse nuit à la gentillesse parfois. Le Poissons gagnerait de temps en temps à s'interroger sur la nature humaine. Certes, lui est foncièrement bon, mais vouloir le changer, admettre et comprendre que d'autres ne partagent pas cette qualité lui permettrait d'éviter quelques déconvenues. Car à force, le Poissons en devient crédule, ce qui est dommage car il souffre toujours de se faire avoir.

L'ambivalence du Poissons peut poser problème. S'il n'est pas clairement d'un côté ou de l'autre, il pourra passer sa vie dans l'indécision, tiraillé entre ses sentiments et sa raison.

Enfin, le Poissons devra vraiment faire attention à ne pas tomber dans une quelconque addiction que ce soit. Il ne sortirait que plus malheureux d'une dépendance qui ne résoudrait jamais ses problèmes profonds et mettrait sa santé en danger.

Le rôle de l'ascendant

Les signes du zodiaque, s'ils donnent les grands traits de la personnalité, ne prennent pas en compte l'influence pourtant très importante des ascendants. Quels rôles jouent les ascendants et comment connaître le sien ? Nos réponses.

Rôle de l'ascendant

La personnalité est en fait le résultat d'une alchimie entre notre signe direct et l'ascendant ; ce dernier accentuant ou au contraire nivelant les caractéristiques du signe premier.

Certains signes sont moins soumis à l'ascendant que d'autres, et certains ascendants jouent un rôle plus accru. Bien souvent, les signes de feu sont moins influencés ou influençables que les signes d'air, qui inversement subiront plus fortement les caractéristiques d'un ascendant de feu.

Qu'apportent les ascendants ?

Ascendant Bélier : dynamise le signe direct. Pousse à l'action. Apporte de l'enthousiasme, de la gaieté.

Ascendant Taureau : apporte de la ténacité, de la persévérance. Peut pousser à la possessivité et au matérialisme.

Ascendant Gémeaux : peut augmenter la nervosité. Axe l'action dans le présent. Ouvre l'esprit vers plus de curiosité.

Ascendant Cancer : tend à calmer un signe de feu, à rendre plus passif. Donne de l'importance à la famille et au rêve.

Ascendant Lion : pousse à s'affirmer. Renforce le tempérament de feu.

Ascendant Vierge : pousse à la minutie et à la perfection. Aide à une meilleure compréhension des choses extérieures.

Ascendant Balance : aide à créer des contacts, joue sur le relationnel et le don de soi envers ceux que l'on aime.

Ascendant Scorpion : pousse au mysticisme et à la réflexion. Tendance à augmenter l'inquiétude.

Ascendant Sagittaire : ouvre sur plus de générosité. Dynamise. Donne le goût des voyages.

Ascendant Capricorne : renforce tout ce qui est lié à l'organisation et au travail, mais limite les élans du cœur.

Ascendant Verseau : donne une vision plus accrue de l'indépendance et pousse à s'affirmer.

Ascendant Poissons : peut accentuer le renfermement et l'introversion. Fragilise les personnalités déjà sensibles à la tristesse.

Calcul de l'ascendant

Capricorne

Ascendants	Vous êtes né du 23/12 au 01/01	Vous êtes né du 02/01 au 11/01	Vous êtes né du 12/01 au 20/01
Bélier	12h15 - 13h15	11h35 - 12h35	10h55 - 11h55
Taureau	13h15 - 14h35	12h35 - 13h55	11h55 - 13h15
Gémeaux	14h35 - 16h15	13h55 - 15h35	13h15 - 14h55
Cancer	16h15 - 18h45	15h35 - 18h05	14h55 - 17h25
Lion	18h45 - 21h35	18h05 - 20h55	17h25 - 20h15
Vierge	21h35 - 00h15	20h55 - 23h35	20h15 - 22h55
Balance	00h15 - 02h55	23h35 - 02h15	22h55 - 01h35
Scorpion	02h55 - 05h45	02h15 - 05h05	01h35 - 04h25
Sagittaire	05h45 - 08h05	05h05 - 07h25	04h25 - 06h45
Capricorne	08h05 - 09h55	07h25 - 09h15	06h45 - 08h35
Verseau	09h55 - 11h15	09h15 - 10h35	08h35 - 09h55
Poissons	11h15 - 12h15	10h35 - 11h35	09h55 - 10h55

Poissons

Ascendants	Vous êtes né du 20/02 au 02/03	Vous êtes né du 03/03 au 10/03	Vous êtes né du 11/03 au 20/03
Bélier	08h30 - 09h30	07h50 - 08h50	07h10 - 08h10
Taureau	09h30 - 10h50	08h50 - 10h10	08h10 - 09h30
Gémeaux	10h50 - 12h30	10h10 - 11h50	09h30 - 11h10
Cancer	12h30 - 15h00	11h50 - 14h20	11h10 - 13h40
Lion	15h00 - 17h50	14h20 - 17h10	13h40 - 16h30
Vierge	17h50 - 20h30	17h10 - 19h50	16h30 - 19h10
Balance	20h30 - 23h10	19h50 - 22h30	19h10 - 21h50
Scorpion	23h10 - 02h00	22h30 - 01h20	21h50 - 00h40
Sagittaire	02h00 - 04h20	01h20 - 03h40	00h40 - 03h00
Capricorne	04h20 - 06h10	03h40 - 05h30	03h00 - 04h50
Verseau	06h10 - 07h30	05h30 - 06h50	04h50 - 06h10
Poissons	07h30 - 08h30	06h50 - 07h50	06h10 - 07h10

Les ascendants, ou signes ascendants, sont les signes qui se trouvent à proximité (à l'est) de celui de naissance à l'heure et au lieu de naissance.

Verseau

Ascendants	Vous êtes né du 21/01 au 31/01	Vous êtes né du 01/02 au 09/02	Vous êtes né du 10/02 au 19/02
Bélier	10h20 - 11h20	09h40 - 10h40	09h00 - 10h00
Taureau	11h20 - 12h40	10h40 - 12h00	10h00 - 11h20
Gémeaux	12h40 - 14h20	12h00 - 13h40	11h20 - 13h00
Cancer	14h20 - 16h50	13h40 - 16h10	13h00 - 15h30
Lion	16h50 - 19h40	16h10 - 19h00	15h30 - 18h20
Vierge	19h40 - 22h20	19h00 - 21h40	18h20 - 21h00
Balance	22h20 - 01h00	21h40 - 00h20	21h00 - 23h40
Scorpion	01h00 - 03h50	00h20 - 03h10	23h40 - 02h30
Sagittaire	03h50 - 06h10	03h10 - 05h30	02h30 - 04h50
Capricorne	06h10 - 08h00	05h30 - 07h20	04h50 - 06h40
Verseau	08h00 - 09h20	07h20 - 08h40	06h40 - 08h00
Poissons	09h20 - 10h20	08h40 - 09h40	08h00 - 09h00

Bélier

Ascendants	Vous êtes né du 21/03 au 30/03	Vous êtes né du 01/04 au 09/04	Vous êtes né du 10/04 au 20/04
Bélier	06h30 - 07h30	05h50 - 06h50	05h10 - 06h10
Taureau	07h30 - 08h50	06h50 - 08h10	06h10 - 07h30
Gémeaux	08h50 - 10h30	08h10 - 09h50	07h30 - 09h10
Cancer	10h30 - 13h00	09h50 - 12h20	09h10 - 11h40
Lion	13h00 - 15h50	12h20 - 15h10	11h40 - 14h30
Vierge	15h50 - 18h30	15h10 - 17h50	14h30 - 17h10
Balance	18h30 - 21h10	17h50 - 20h30	17h10 - 19h50
Scorpion	21h10 - 00h00	20h30 - 23h20	19h50 - 22h40
Sagittaire	00h00 - 02h20	23h20 - 01h40	22h40 - 01h00
Capricorne	02h20 - 04h10	01h40 - 03h30	01h00 - 02h50
Verseau	04h10 - 05h30	03h30 - 04h50	02h50 - 04h10
Poissons	05h30 - 06h30	04h50 - 05h50	04h10 - 05h10

Calcul de l'ascendant

Le calcul est un peu compliqué car il demande d'intégrer dans les données l'heure exacte de la naissance avec la ville de naissance, car il faut impérativement connaître la latitude du lieu de naissance. Même si les tableaux suivants n'ont pas la

Taureau

Ascendants	Vous êtes né du 21/04 au 30/04	Vous êtes né du 01/05 au 10/05	Vous êtes né du 11/05 au 21/05
Bélier	04 h 25 - 05 h 25	03h45 - 04h45	03h05 - 04h05
Taureau	05 h 25 - 06h45	04h45 - 06h05	04h05 - 05h25
Gémeaux	06h45 - 08h25	06h05 - 07h45	05h25 - 07h05
Cancer	08h25 - 10h55	07h45 - 10h15	07h05 - 09h35
Lion	10h55 - 13h45	10h15 - 13h05	09h35 - 12h25
Vierge	13h45 - 16h25	13h05 - 15h45	12h25 - 15h05
Balance	16h25 - 19h05	15h45 - 18h25	15h05 - 17h45
Scorpion	19h05 - 21h55	18h25 - 21h15	17h45 - 20h35
Sagittaire	21h55 - 00h15	21h15 - 23h35	20h35 - 22h50
Capricorne	00h15 - 02h05	23h35 - 01h25	22h50 - 00h45
Verseau	02h05 - 03h25	01h25 - 02h45	00h45 - 02h05
Poissons	03h25 - 04h25	02h45 - 03h45	02h05 - 03h05

Cancer

Ascendants	Vous êtes né du 22/06 au 01/07	Vous êtes né du 02/07 au 12/07	Vous êtes né du 13/07 au 22/07
Bélier	00h20 - 01h20	23h40 - 00h40	23h40 - 00h00
Taureau	01h20 - 02h40	00h40 - 02h00	00h00 - 01h20
Gémeaux	02h40 - 04h20	02h00 - 03h40	01h20 - 03h00
Cancer	04h20 - 06h50	03h40 - 06h20	03h00 - 05h30
Lion	06h50 - 09h40	06h20 - 09h00	05h30 - 08h20
Vierge	09h40 - 12h20	09h00 - 11h40	08h20 - 11h00
Balance	12h20 - 15h00	11h40 - 14h20	11h00 - 13h40
Scorpion	15h00 - 17h50	14h20 - 17h10	13h40 - 16h30
Sagittaire	17h50 - 20h10	17h10 - 19h30	16h30 - 18h50
Capricorne	20h10 - 22h00	19h30 - 21h20	18h50 - 20h40
Verseau	22h00 - 23h20	21h20 - 22h40	20h40 - 22h00
Poissons	23h20 - 00h20	22h40 - 23h40	22h00 - 23h00

précision d'un thème astral, ils vous donneront, si vous connaissez votre heure exacte de naissance, votre signe ascendant. N'oubliez pas d'enlever une heure si vous êtes né en été à cause du passage à l'heure d'été.

Gémeaux

Ascendants	Vous êtes né du 22/05 au 31/05	Vous êtes né du 01/06 au 10/06	Vous êtes né du 11/06 au 21/06
Bélier	02h25 - 03h25	01h45 - 02h45	01h05 - 02h05
Taureau	03h25 - 04h45	02h45 - 04h05	02h05 - 03h25
Gémeaux	04h45 - 06h25	04h05 - 05h45	03h25 - 05h05
Cancer	06h25 - 08h55	05h45 - 08h15	05h05 - 07h35
Lion	08h55 - 11h45	08h15 - 11h05	07h35 - 10h25
Vierge	11h45 - 14h25	11h05 - 13h45	10h25 - 13h05
Balance	14h25 - 17h05	13h45 - 16h25	13h05 - 15h45
Scorpion	17h05 - 19h55	16h25 - 19h15	15h45 - 18h35
Sagittaire	19h55 - 22h15	19h15 - 21h35	18h35 - 20h55
Capricorne	22h15 - 00h05	21h35 - 23h25	20h55 - 22h45
Verseau	00h05 - 01h25	23h25 - 00h45	22h45 - 00h05
Poissons	01h25 - 02h25	00h45 - 01h45	00h05 - 01h05

Lion

Ascendants	Vous êtes né du 23/07 au 02/08	Vous êtes né du 03/08 au 12/08	Vous êtes né du 13/08 au 23/08
Bélier	22h20 - 23h20	21h40 - 22h40	21h00 - 22h00
Taureau	23h20 - 00h40	22h40 - 00h00	22h00 - 23h20
Gémeaux	00h40 - 02h20	00h00 - 01h40	23h20 - 01h00
Cancer	02h20 - 04h50	01h40 - 04h10	01h00 - 03h30
Lion	04h50 - 07h40	04h10 - 07h00	03h30 - 06h20
Vierge	07h40 - 09h20	07h00 - 09h40	06h20 - 09h00
Balance	09h20 - 12h00	09h40 - 11h20	09h00 - 10h40
Scorpion	12h00 - 14h50	11h20 - 14h10	10h40 - 13h30
Sagittaire	14h50 - 18h10	14h10 - 17h30	13h30 - 16h50
Capricorne	18h10 - 20h00	17h30 - 19h20	16h50 - 18h40
Verseau	20h00 - 21h20	19h20 - 20h40	18h40 - 20h00
Poissons	21h20 - 22h20	20h40 - 21h40	20h00 - 21h00

Calcul de l'ascendant

Cas où votre heure de naissance correspond à une heure charnière (limite entre 2 ascendants) : par exemple, un Vierge né le 27/08 à 22 h 40 sera ascendant Taureau.

Vierge

Ascendants	Vous êtes né du 24/08 au 02/09	Vous êtes né du 03/09 au 12/09	Vous êtes né du 13/09 au 23/09
Bélier	20h20 - 21h20	19h40 - 20h40	19h00 - 20h00
Taureau	21h20 - 22h40	20h40 - 22h00	20h00 - 21h20
Gémeaux	22h40 - 00h20	22h00 - 23h40	21h20 - 23h00
Cancer	00h20 - 02h50	23h40 - 02h10	23h00 - 01h30
Lion	02h50 - 05h40	02h10 - 05h00	01h30 - 04h20
Vierge	05h40 - 08h20	05h00 - 07h40	04h20 - 07h00
Balance	08h20 - 11h00	07h40 - 10h20	07h00 - 09h40
Scorpion	11h00 - 13h50	10h20 - 13h10	09h40 - 12h30
Sagittaire	13h50 - 16h10	13h10 - 15h30	12h30 - 14h50
Capricorne	16h10 - 18h00	15h30 - 17h20	14h50 - 16h40
Verseau	18h00 - 19h20	17h20 - 18h40	16h40 - 18h00
Poissons	19h20 - 20h20	18h40 - 19h40	18h00 - 19h00

Scorpion

Ascendants	Vous êtes né du 24/10 au 03/11	Vous êtes né du 04/11 au 13/11	Vous êtes né du 14/11 au 23/11
Bélier	16h10 - 17h10	15h30 - 16h30	14h50 - 15h50
Taureau	17h10 - 18h30	16h30 - 17h50	15h50 - 17h10
Gémeaux	18h30 - 20h10	17h50 - 19h30	17h10 - 18h50
Cancer	20h10 - 22h40	19h30 - 22h00	18h50 - 21h20
Lion	22h40 - 01h30	22h00 - 00h50	21h20 - 00h10
Vierge	01h30 - 04h10	00h50 - 03h30	00h10 - 02h50
Balance	04h10 - 06h50	03h30 - 06h10	02h50 - 05h30
Scorpion	06h50 - 09h40	06h10 - 09h00	05h30 - 08h00
Sagittaire	09h40 - 12h00	09h00 - 11h20	08h00 - 10h40
Capricorne	12h00 - 13h50	11h20 - 13h10	10h40 - 12h30
Verseau	13h50 - 15h10	13h10 - 14h30	12h30 - 13h50
Poissons	15h10 - 16h10	14h30 - 15h30	13h50 - 14h50

Balance

Ascendants	Vous êtes né du 24/09 au 03/10	Vous êtes né du 04/10 au 13/10	Vous êtes né du 14/10 au 23/10
Bélier	18h10 - 19h10	17h30 - 18h30	16h50 - 17h50
Taureau	19h10 - 20h30	18h30 - 19h50	17h50 - 19h10
Gémeaux	20h30 - 22h10	19h50 - 21h30	19h10 - 20h50
Cancer	22h10 - 00h40	21h30 - 00h00	20h50 - 23h30
Lion	00h40 - 03h30	00h00 - 02h50	23h30 - 02h10
Vierge	03h30 - 06h10	02h50 - 05h30	02h10 - 04h50
Balance	06h10 - 08h50	05h30 - 08h10	04h50 - 07h30
Scorpion	08h50 - 11h40	08h10 - 11h00	07h30 - 10h20
Sagittaire	11h40 - 14h00	11h00 - 13h20	10h20 - 12h40
Capricorne	14h00 - 15h50	13h20 - 15h10	12h40 - 14h30
Verseau	15h50 - 17h10	15h10 - 16h30	14h30 - 15h50
Poissons	17h10 - 18h10	16h30 - 17h30	15h50 - 16h50

Sagittaire

Ascendants	Vous êtes né du 24/11 au 03/12	Vous êtes né du 04/12 au 13/12	Vous êtes né du 14/12 au 22/12
Bélier	14h10 - 15h10	13h30 - 14h30	12h50 - 13h50
Taureau	15h10 - 16h30	14h30 - 15h50	13h50 - 15h10
Gémeaux	16h30 - 18h10	15h50 - 17h30	15h10 - 16h50
Cancer	18h10 - 20h40	17h30 - 20h00	16h50 - 19h20
Lion	20h40 - 23h30	20h00 - 22h50	19h20 - 22h10
Vierge	23h30 - 02h10	22h50 - 01h30	22h10 - 00h50
Balance	02h10 - 04h50	01h30 - 04h10	00h50 - 03h30
Scorpion	04h50 - 07h40	04h10 - 07h00	03h30 - 06h20
Sagittaire	07h40 - 10h00	07h00 - 09h20	06h20 - 08h40
Capricorne	10h00 - 11h50	09h20 - 11h00	08h40 - 10h30
Verseau	11h50 - 13h10	11h00 - 12h30	10h30 - 11h50
Poissons	13h10 - 14h10	12h30 - 13h30	11h50 - 12h50

EDITIONS ESI

60, rue Vitruve, 75020 Paris

Photos © Fotolia
Imprimé en République Tchèque par FINIDR
© Editions ESI - Dépôt légal : juin 2011 - Achevé d'imprimer : mai 2011
ISBN : 978-2-35355-790-5
N° Sofédis : S470844